So funktioniert das

Kauderwelsch-Prinzip

1. Die zusätzliche Wort-für-Wort-Übersetzung verdeutlicht die fremde Satzstruktur. Grüne Hinterlegungen zeigen Lücken zum Einsetzen von Wörtern bzw. Alternativen zum Auswählen an.

Fremdsprache	**Você aluga ... ?**
Wort-für-Wort	*Sie (er-/sie-)vermietet ...*
Übersetzung	Vermieten Sie ... ?

2. Dies erleichtert anschließend das Einfügen der gewünschten Wörter in die Sätze.

um carro	ein Auto
um quarto	ein Zimmer
um apartamento	eine Wohnung
uma casa	ein Haus
um windsurf	ein Surfbrett

Im Wörterbuch am Ende des Buches gibt es noch mehr Wörter, die man sinnvoll einsetzen kann.

Inhalt

Portugiesisch lernen

Portugiesisch sprechen

Wörterbuch

Auf einen Blick

Portugiesisch

Portugiesisch, Eigenbezeichnung *português*, wird auf vier Kontinenten gesprochen. 1990 haben sich die portugiesischsprachigen Länder auf eine einheitliche Schriftsprache geeinigt, die seit 2009 in Brasilien und seit 2015 auch in Portugal verbindlich ist. Im Alltag wird aber noch immer über diese Änderung diskutiert.

9
Länder
haben Portugiesisch als Amtssprache: Portugal, Brasilien, Angola, Kap Verde, Guinea-Bissau, Mosambik, São Tomé und Príncipe, Osttimor, Macau.

280
Millionen Menschen
sprechen Portugiesisch als Muttersprache oder als Zweitsprache.

2
Namen
werden für die portugiesische Sprache verwendet: português oder língua lusófona.

Vorwort

Ihre Absicht ist es, das wunderbare Land Portugal zu besuchen? Herzlichen Glückwunsch! Unsere kleine Ecke Europas bietet eine reiche Landschaft, eine Küste von Sagres bis Minho, die Inseln Madeira und die Azoren. Auf den beliebtesten Routen kommen Sie auch ohne Portugiesisch zurecht. Von der lokalen Unterkunft (**Alojamento Local** oder **AL**) bis zum Luxushotel finden Sie immer jemanden, der mindestens Englisch spricht. Wollen Sie aber auf eigene Faust Land und Leute entdecken und erleben, sind Sprachkenntnisse unbedingt notwendig.

Fala português? Mit einem einfachen **bom dia** (guten Tag) ist schon der erste Schritt getan. Dieser Sprachführer ist ein Schlüssel, der Ihnen den Zugang zum Portugiesischen erleichtert und Ihnen hilft, die weltoffenen Portugiesinnen und Portugiesen kennenzulernen. Außerdem bekommen Sie eine Menge Hinweise und viele nützliche Tipps. Wenn Sie erst einmal in Portugal sind, beobachten Sie die Portugiesen auf der Straße, in Cafés oder Restaurants und schauen Sie portugiesische Sendungen. So gewöhnen sich Ihre Ohren an den Klang der portugiesischen Sprache und gleichzeitig verbessern Sie Ihre Ausdrucksfähigkeit.

Desejo-lhe uma ótima viagem
e momentos felizes inesquecíveis.

Ich wünsche Ihnen eine tolle Reise
und unvergessliche, glückliche Momente.

Jorge Conrado Ottinger

Top 5

Typisch Portugiesisch

№1 Individualismus und Weltoffenheit

Portugiesen sind Individualisten. Nachbarschaftshilfe gerne! Gemeinsam eine Tiefbohrung oder Projekte verwirklichen? – Nein, das dann doch lieber allein. Portugal hat eine der höchsten Dichten an Kleinstfirmen. Viele zugezogene Europäer ergreifen ihre Chance, machen sich selbstständig und bieten auf dem lokalen Arbeitsmarkt ihre Dienste an. Portugal ist auch ein beliebtes Einwanderungsland sowohl bei Menschen aus den ehemaligen Kolonien in Südamerika und Afrika, als auch bei IT-Fachkräften, die aus Amerika und Europa nach Lissabon kommen, um dort zu arbeiten.

№2 Portugal und Nachbar Spanien

Was kommt aus Spanien? **Nem bom vento, nem bom casamento** (weder guter Wind noch gute Ehe). Die alten Ressentiments haben eine lange Geschichte und sind einfach zu verstehen, denn das kleine Portugal hat es geschafft, unabhängig zu bleiben und nicht einverleibt zu werden vom übergroßen Nachbarn. Heute unterhalten beide Länder rege wirtschaftliche Beziehungen, auch gegenseitige Ferienbesuche gehören dazu.

Nº3 Kork

Ökologischer geht es nicht! Natürlich und weich speichert er die Frische und, wenn es nötig ist, auch die Wärme. Kork ist eines der charakteristischen natürlichen Produkte Portugals und Teil des täglichen Lebens, ohne dass wir es merken. Aus Kork werden Taschen, Hüte und viele andere beliebte Souvenirs produziert.

Nº4 Portwein

Portwein ist der älteste Botschafter Portugals. Kultiviert wird er auf den Terrassen des Douro, einem der ältesten abgegrenzten Anbaugebiete der Welt. Die **Companhia Geral da Agricultura das Vinhas do Alto Douro** *(Allgemeine Winzergesellschaft von Alto Douro)*, gegründet 1756, grenzte das Gebiet ab, registrierte und klassifizierte die Weine nach ihrer Qualität.

Nº5 Fado und Saudades

Fado (Schicksal) ist mehr als nur ein melodischer Musikstil. Er ist eine Form der Interpretation von Musik mit Instrumenten und Stimmen. Der Fado entschlüsselt die portugiesische Seele besser als es Worte je ausdrücken könnten. Das Gefühl von Wehmut und Sehnsucht, das alle Portugiesen verbindet, nennt man **saudades**.

Geschichte, Region und Sprache

Portugiesisch gehört zu den romanischen Sprachen, die ihren Ursprung in einer Form des Lateins haben. Unter dem Einfluss der Sprachen, die vor der Invasion Roms in der Bevölkerung verbreitet waren, entwickelte sich in der Region nach dem Zusammenbruch des Römischen Reichs eine eigene Variante der lateinischen Sprache.

Die römischen Besatzer wurden von germanischen Einwanderern abgelöst, die mit der Zeit romanisiert wurden, zum Christentum konvertierten und daher nur wenig zu der Veränderung der Sprache beitrugen. Auf sie folgten im frühen 8. Jahrhundert die muslimischen Mauren. Sie besetzten weite Teile der Iberischen Halbinsel, lediglich die Region Asturien im Norden konnte sich widersetzen. Von dort aus begann später die **reconquista**, die christliche Rückeroberung.

Im Zuge der **reconquista** und der Gründung des von Kastilien unabhängigen portugiesischen Königreichs, das im 12. und 13. Jahrhundert aus der Grafschaft Portucale entstand, begann sich Portugiesisch von einem lateinischen Dialekt zu einer eigenständigen Sprache zu entwickeln. Was im heutigen Galicien als Galicisch-Portugiesisch begann, breitete sich Richtung Süden aus und wurde bald auch als Schriftsprache genutzt.

Dass Portugiesisch heute zu den Weltsprachen zählt, verdankt sie der Kolonialgeschichte des vergleichsweise kleinen Landes. Bereits 1415 eroberte Portugal die Stadt Ceuta im Nordwesten Marokkos. Kurz darauf folgten Madeira und die Azoren. Unter der Führung von Heinrich dem Seefahrer entwickelte sich Portugal rasch zu einer der führenden Seemächte Europas mit Handelsniederlassungen entlang der Westküste des afrikanischen Kontinents. Den Höhepunkt seiner Expansion erreichte Portugal im 16. Jahrhundert. Zu diesem Zeitpunkt umspannte das Kolonialreich

Teile Südamerikas (Brasilien) und Afrikas sowie Stützpunkte auf der arabischen Halbinsel, in Indien, China und Südostasien.

Im Jahr 1580 starb der letzte Angehörige des Hauses Avis und hinterließ keinen Nachfolger. Daraufhin fiel Portugal offiziell unter spanische Herrschaft und wurde so in spanische Rivalitäten mit anderen europäischen Ländern hineingezogen. Insbesondere die Niederlande nutzten die Zeit der Iberischen Union, um Portugal die Vormachtstellung im Indischen Ozean streitig zu machen. Diese territorialen Verluste setzten den Rückgang des portugiesischen Weltreichs in Gang und befeuerten gleichzeitig das Streben nach Unabhängigkeit. 1640 begann ein Restaurationskrieg, der 1668 mit dem Frieden von Lissabon sein Ende fand. Trotz der zurückerlangten Eigenständigkeit hatte Portugal seine Position als Weltmacht eingebüßt. Ein schweres Erdbeben in Lissabon und der Napoleonische Krieg Anfang des 19. Jahrhunderts schwächten das Land zusätzlich. Der vorsorgliche Rückzug der Königsfamilie in das brasilianische Exil erwies sich als folgenschwer. Während König João VI. nach dem Ende des Krieges nach Portugal zurückkehrte, verblieb sein Sohn in Brasilien, erklärte sich dort kurzerhand zum Kaiser und das Land für unabhängig.

Obwohl nach dem Verlust der portugiesischen Kolonie Brasilien nur noch wenige Gebiete unter portugiesischer Kontrolle waren, hielt Portugal länger als andere Kolonialmächte an seinen Territorien fest. Erst als nach der Nelkenrevolution 1974 eine demokratische Regierung an die Macht kam, wurde den portugiesischen Kolonien in Mosambik, Kap Verde, Guinea-Bissau, São Tomé und Príncipe sowie Angola die Unabhängigkeit gewährt. Macau und Osttimor blieben sogar noch länger unter portugiesischer Verwaltung. Was bis heute bleibt, ist die portugiesische Sprache, die noch immer in neun Ländern und über vier Kontinenten als Amtssprache verwendet wird.

Hinweise zur Benutzung

Portugiesisch lernen

Der erste Teil zeigt, wie Portugiesisch „funktioniert“ und liefert das Handwerkszeug, um eigene portugiesische Sätze zu sprechen.

Sollten Sie zu den Menschen gehören, die lieber einen Bogen um das Thema Grammatik machen: Keine Sorge! Die wichtigsten Regeln werden auch für Laien verständlich erklärt und mit praktischen Beispielen veranschaulicht. Die Wort-für-Wort-Übersetzung (siehe Seite 1) hilft dabei, den Satzbau nachzuvollziehen und selbst anzuwenden.

Portugiesisch sprechen

Im zweiten Teil dreht sich alles ums Sprechen. Für alle möglichen Lebenslagen auf Reisen gibt es Beispiele, in die man nur noch das passende Wort einsetzen muss. Praktische Tipps und Infos zum Reiseland erleichtern das Ankommen.

Trauen Sie sich und versuchen Sie Ihre ersten Schritte in der Fremdsprache! Sie zeigen damit Interesse und Respekt – und schon ist das Eis gebrochen, auch wenn man mal einen Fehler macht. Sie werden völlig andere Dinge erleben als „sprachlose“ Reisende, und Sie werden feststellen: Sprache öffnet Türen und Herzen. Den ersten Schritt dazu haben Sie mit diesem Buch bereits in der Hand.

Wörterbuch

Am Ende des Buches finden Sie ein Wörterbuch zum Nachschlagen in beide Richtungen. Die Umschlagklappen geben einen Überblick der wichtigsten Sätze.

Portugiesisch lernen

Zwei Schwellen sind zu überwinden:

Man muss verstanden werden ... Das Wort „Thermometer" lässt sich vom Deutschen ins Portugiesische übertragen: **termómetro**. Wenn man hier aber wie im Deutschen betont, wird man vielleicht nicht verstanden. Der Schlüssel zur richtigen Betonung liegt über dem „o": das Akzentzeichen ´. Daran erkennt man, welche Silbe betont werden muss. Akzente stehen aber nur auf Wörtern, die nicht den allgemeinen Betonungsregeln (siehe Seite 17) folgen.

Man muss verstehen lernen ... Der Kellner sagt beim Kassieren z. B. die Zahlen 66 und 76 so schnell, dass es schwer ist herauszuhören, was gemeint ist: **sessenta e seis** (66) bzw. **setenta e seis** (76). Am besten bitten Sie die Leute, langsam zu sprechen (**Por favor, fale mais devagar.** „Sprechen Sie bitte langsamer!") und die Zahlen zu wiederholen.

Aussprache und Betonung

Ich möchte Ihnen 5 **dicas** (Tipps) mit auf den Weg geben, um Aussprache und Betonung spielerisch zu lernen.

Dica nº 1: Trainieren Sie täglich die Aussprache des Alphabetes. Sagen Sie Zahlenreihen auf. Das portugiesische Alphabet und die Zahlen sind im Einschlag des Buches übersichtlich aufgeführt.

Dica nº 2: Machen Sie sich mit der nasalen Aussprache vertraut. Trainieren Sie laut, um sich daran zu gewöhnen. Gelingt es nicht sofort, versuchen Sie es mit Zuhalten der Nasenöffnungen.

Dica nº 3: Wenn Ihnen die Aussprache des ABCs vertraut ist, beginnen Sie überall dort, wo es portugiesische Wörter zu lesen gilt, Ihr Wissen anzuwenden. Das geht auch gut bei Zahlen auf Preisschildern: 5 lesen wir als **cinco** etc.

Dica nº 4: Schauen Sie Leuten auf den Mund und versuchen Sie Bewegungsmuster bei Lauten zu erkennen und zu imitieren.

Haben Sie ein Wort sogar verstanden? Üben Sie es gleich und sprechen Sie das Wort nach. Das hilft dabei, einen Sprachsinn zu entwickeln.

Dica n° 5: Wissen Sie, warum kleine Kinder eine Sprache in wenigen Wochen lernen? Weil sie keine Hemmungen haben. Seien Sie also unbekümmert und genießen Sie alle noch so kleinen Erfolge!

Hier einige Lautschriftzeichen, die für die Beschreibung der portugiesischen Aussprache wichtig sind.

	Aussprache
s	stimmhaftes „s" wie in „Rose"
ß	stimmloses „s" wie in „Bus"
sh	stimmhaftes „sch" wie das zweite „g" in „Garage"
rr	hinten im Rachen gesprochen und stark gerieben
l	dunkles „l" wie in dialektal „Kölsch"
ã	nasaliertes „a" wie in „Abonnement"
õ	nasaliertes „o" wie in „Beton"

Konsonanten

	Aussprache	Beispielwort
c	wie *k* vor den Vokalen **a, o, u**	**curto** *kurto* kurz
	wie *ß* vor den Vokalen **e, i**	**fácil** *faßil* einfach
ç	wie *ß*	**almoço** *almooßu* Mittagessen
ch	wie *sch*	**chuva** *schuwa* Regen
g	wie *sh* vor den Vokalen **e, i**	**gelado** *sh*^{e}*ladu* Speiseeis

gue, gui	wie *g*	**guerra** *gerra* Krieg
h	bleibt immer stumm	**hora** *ora* Stunde
j	wie *sh*	**hoje** *oosch*^{e} heute
l	meist wie ein dunkles *l*	**dificil** *difißil* einfach
lh	wie *lj*	**espelho** *'schpeelju* Spiegel
m	am Wortende stumm, dafür Nasalierung des vorausgehenden Vokals	**homem** *omẽĩ* Mann
nh	wie *nj*	**vinho** *winju* Wein
qu	wie *k* vor den Vokalen **e, i**	**quilo** *kilu* Kilo
r	am Wortanfang oder als doppeltes **rr** wird er wie ein stark geriebenes Rachen-*rr ausgesprochen;* am Wortende oder zwischen zwei Vokalen wird das **r** gerollt	**rio** *rrio* Fluss **caro** *karo* teuer
s	wie *ß* am Wortanfang wie *s* zwischen zwei Vokalen wie *sch* am Wortende oder am Silbenende vor einem Konsonanten	**saber** *ßabeer* wissen **casa** *kasa* Haus **dois** *doisch* zwei
v	wie *w*	**vaca** *waka* Kuh
x	meist wie *sch* manchmal wie *ß* selten wie *x=ks*	**xadrez** *schadreesch* Schach **próximo** *prossimu* nächster **taxi** *takßi* Taxi
z	wie *s* am Wortanfang und zwischen zwei Vokalen wie *sch* am Wortende	**zero** *seru* Null **voz** *wosch* Stimme

Vokale

Die Vokale **i** und **u** werden ausgesprochen wie im Deutschen. Dabei ist nicht entscheidend, ob sie betont oder unbetont sind. Bei den übrigen Vokalen beeinflusst die Betonung die Aussprache. In einigen Fällen bieten die Akzente daher eine Hilfestellung. Es sind folgende Unterschiede zu beachten:

	Aussprache	Beispielwort
a, á	betontes offenes „a" wie „Apfel" unbetont ein etwas dumpferes „a"	**cá** *ka* hier **mau** *mau* schlecht
a, â	betontes geschlossenes „a" wie „Eimer"	**ano** *ano* Jahr **ambulância** *ambulanßia* Krankenwagen
e, é	betontes offenes „e" wie in „Bett"	**Festa** *feschta* Fest **café** *kafe* Kaffee
e, ê	betontes geschlossenes „e" wie in „Tee"	**medo** *meedu* Angst **você** *woßee* Sie
e	unbetontes „e" wie in „Liebe" Meist am Wortende und vor „s" wird vielfach bloß gehaucht und ist kaum hörbar	**vale** *wal*^{e} Tal **estar** *ʼschtar* sein
o, ó	betontes offenes „o" wie „Bock	**moda** *moda* Mode **avó** *awo* Großmutter
o, ô	betontes geschlossenes „o" wie „Boot"	**ovo** *oowu* Ei **avô** *awoo* Großvater
o	unbetontes „o" wie ein unbetontes *u*, aber oft bloß gehaucht und kaum hörbar	**português** *purtugeesch* oder *purt*^{u}*geesch* portugiesisch

Nasallaute

Vokale mit Tilde (˜) werden durch die Nase gesprochen:

	Aussprache	Beispielwort
ã	durch die Nase gesprochenes „a“	**lã** *lã* Wolle
õ	durch die Nase gesprochenes „o“	**ações** *aßõĩsch* Taten

Außerdem werden **em, en, im, in, um, un** nasal gesprochen. Das Gleiche gilt für **am, an, om, on** vor Vokalen bzw. **am, om** am Wortende. Achtung: Anders als im Französischen spricht man dabei genau den jeweils geschriebenen Selbstlaut nasal aus; seine Klangfarbe ändert sich dabei also nicht:

lençol	*lẽßol*	Bettlaken
sim	*ßĩ*	ja
um	*ũ*	eins
campo	*kãmpu*	Feld
bom	*bõ*	gut
conta	*kõnta*	Rechnung

Doppellaute

Wenn zwei Vokale nacheinander stehen (z. B. **ai**, **au**, **ei**, **eu**) behalten die Bestandteile ihre Aussprache. Der Doppellaut **eu** klingt also keinesfalls wie *oi*, aber er wird auch ohne Knacklaut zwischen dem **e** und dem **u** ausgesprochen. Bei **ão** und **õe** werden jeweils beide Bestandteile nasal gesprochen. Die einzige Ausnahme ist der Doppellaut **ou**, er wird zu einem langen geschlossenen *o*.

maio	*maju*	Mai
meio	*meeju*	halb
eu	*eeu*	ich
cão	*kãũ*	Hund
pouco	*pooku*	wenig

Betonung

Wörter, die auf einen Selbstlaut (Vokal) enden und kein Akzentzeichen tragen, werden auf der vorletzten Silbe betont: **abelha** „Biene".

Wörter, die auf einen Konsonanten enden, werden auf der letzten Silbe betont: **hotel** „Hotel". Wörter mit den Endungen **-am, -em, -as, -es, -os** werden aber auf der vorletzten Silbe betont: **abelhas** „Bienen".

Wörter, deren Endsilbe einen nasalen Vokal enthält, werden auf eben dieser letzten Silbe betont: **região** „Region, Gegend".

Die Akzentzeichen ´ und ^ zeigen eine von diesen allgemeinen Regeln abweichende Betonungsstelle an. Außerdem weisen sie auf die offene (´) bzw. geschlossene (^) Aussprache des betreffenden Selbstlautes hin. Achtung: **i** und **u** am Wortende sind immer betont, tragen aber kein Akzentzeichen.

Nomen

Es gibt im Portugiesischen nur männliche und weibliche Nomen (Hauptwörter). Eine sächliche Form wie im Deutschen gibt es nicht. Nomen, die auf **-o** enden sind meist männlich und solche, die auf **-a** enden weiblich. Es gibt jedoch einige Ausnahmen und einige Nomen haben eine ganz andere Endung.

a praia	der Strand
o barco	das Boot
a verdade	die Wahrheit

Artikel

Anders als im Deutschen hat der unbestimmte Artikel im Portugiesischen eine Mehrzahlform, und zwar mit der Bedeutung „einige“. Im Plural wird nicht nur dem Nomen, sondern auch dem Artikel einfach ein **-s** angehängt. Ausnahme: **um** + **-s** wird zu **uns**.

bestimmter Artikel	männlich		weiblich	
Singular	**o**	der	**a**	die
Plural	**os**	die	**as**	die
unbestimmter Artikel	**männlich**		**weiblich**	
Singular	**um**	ein	**uma**	eine
Plural	**uns**	einige	**umas**	einige

Plural

Um den Plural (Mehrzahl) zu bilden wird ein **-s** an das Nomen und an den Artikel angefügt. Wenn ein Wort auf **-r**, **- s** oder **-z** endet, wird in der Mehrzahl die Endung **-es** angehängt.

um homem	ein Mann
uns homens	einige Männer
a mulher	die Frau
as mulheres	die Frauen

o país	das Land
os países	die Länder
a luz	das Licht
as luzes	die Lichter

Wenn ein Wort auf **-al**, **-ol**, **-ul** oder **-el** endet, wird in der Mehrzahl **-is** angehängt, wobei das **-l** dann entfällt.

o papel	das Papier
os papéis	die Papiere
o vendaval	der Sturm
os vendavais	die Stürme
o espanhol	der Spanier
os espanhóis	die Spanier
o cônsul	der Konsul
os cônuis	die Konsule

Die Endung **-ão** wird zu **-ões**. Beachten Sie bei den Endungen die korrekte Aussprache: **ç** wird wie *ß* ausgesprochen, **ão** und **ões** nasal (**ão** als *ãũ*, **ões** als *õĩsch*).

um botão	ein Knopf
uns botões	einige Knöpfe
uma tradução	eine Übersetzung
umas traduções	einige Übersetzungen

Präpositionen und Artikel

Im Portugiesischen verschmelzen die Artikel mit den gebräuchlichsten Präpositionen (Verhältniswörtern). Die betreffenden Präpositionen sind **a, de, em** und **por**.

	o (die)	**a** (der)
a (zu, nach, an)	**ao**	**à**
de (von)	**do**	**da**
em (in)	**no**	**na**
por (durch)	**pelo**	**pela**

Die Mehrzahl wird wie gehabt durch Anhängen der Endung **-s** an Hauptwort und Artikel gebildet.

ao pai	dem Vater
à água	dem Wasser
às águas	den Wassern
do mar	des Meeres
da casa	des Hauses
no copo	im Glas
na caixa	in der Schachtel
pelo rapaz	durch den Jungen
pela aldeia	durch das Dorf
pelas aldeias	durch die Dörfer

Dieses und Jenes

Es gibt drei Demonstrativpronomen (hinweisende Fürwörter), die jeweils eine relative Entfernung vom Sprecher bzw. Angesprochenen zum Ausdruck bringen:

isto	das hier, dieses (greifbar im Bereich des Sprechenden)
isso	das da, dieses da (greifbar im Bereich des Angesprochenen)
aquilo	das dort, jenes (entfernt vom Sprechenden und vom Angesprochenen)

Beachten Sie: **isto**, **isso**, **aquilo** sind nicht wie Adjektive als Begleiter von Nomen zu gebrauchen.

Que é isto?
Was ist das?

Isto é um jornal.
Das ist eine Zeitung.

Que é aquilo?
Was ist das dort?

Aquilo é uma revista.
Das ist eine Zeitschrift.

Weitere Möglichkeiten, nach einer Sache zu fragen:

Como se chama isso?
wie sich (es-)ruft dieses
Wie heißt das?

Isso é um guarda-sol.
dieses (er-)ist ein Sonnenschirm
Das ist ein Sonnenschirm.

Wie Adjektive werden hingegen die folgenden Demonstrativpronomen verwendet, die sich in Zahl und Geschlecht nach dem Hauptwort richten, das sie näher bestimmen. Die Verwendung ist ansonsten gleich.

	männlich	weiblich	
Singular Plural	**este** **estes**	**esta** **estas**	nahe beim Sprechenden
Singular Plural	**esse** **esses**	**essa** **essas**	nahe beim Angesprochenen
Singular Plural	**aquele** **aqueles**	**aquela** **aquelas**	weit entfernt

Queres provar este bolo?
(du-)willst probieren dieser Kuchen
Möchtest du diesen Kuchen probieren?

Sim, obrigado, quero provar esse bolo.
ja danke (ich-)will probieren dieser Kuchen
Ja, danke, ich möchte diesen Kuchen probieren.

Beachten Sie außerdem noch, dass die Verhältniswörter **em** und **de** mit den Demonstrativpronomen zu einem Wort verschmelzen:

aquele	jener
naquele	in jenem

Aquele restaurante é bom?
Ist das Restaurant dort gut?

Das gleiche, stilistisch besser formuliert:

Come-se bem naquele restaurante?
(es-)isst-sich gut in-jener Restaurant
Isst man in dem Restaurant dort gut?

esta	diese
desta	von dieser

Esta sopa é boa.
Diese Suppe ist gut.

Eu gosto desta sopa.
ich (ich-)gern-habe von-diese Suppe
Ich mag diese Suppe. / Mir schmeckt diese Suppe.

Schließlich gibt es solche verschmolzenen Formen auch mit den persönlichen Fürwörtern der 3. Person **ele**, **ela**, **eles** und **elas**.

Gosto dela.
(ich-)gern-habe von-sie
Sie schmeckt / gefällt mir.

Hier und Dort

Um Ortsangaben zu machen, sind die folgenden Wörter hilfreich:

onde?	wo?
aqui, cá	hier
lá, aí	dort
ali	dort (weiter entfernt)

Onde é a praia?
wo (sie) ist die Strand
Wo ist der Strand?

A praia fica no final desta rua.
Die Strand ist am Ende dieser Straße.
Der Strand ist am Ende dieser Straße.

Am Strand werden oft Schattenplätze vermietet:

Onde está a minha sombra?
wo (sie-)ist die meine Schatten
Wo ist mein Schattenplatz?

Die Ausdrücke für „hier" und „dort" lernt man schnell, wenn man auf die Handbewegungen des Antwortenden schaut.

Cá?
Hier?

Não, ali!
Nein, dort drüben!

Wichtige Wörter zur Ortsbestimmung

no (= em + o)	im (in dem)
na (= em + a)	in der
dentro (de)	innerhalb (von)
fora (de)	außerhalb (von)
em frente (de)	vorne, gegenüber
atrás (de)	hinten (hinter)
ao lado (de)	nebenan
em cima (de)	oben (oberhalb von)
em baixo (de)	unten (unterhalb von)
entre	zwischen
além	jenseits, dort drüben
no outro lado	auf der anderen Seite
em parte alguma	irgendwo
por toda a parte	überall
com	mit
sem	ohne
para	für
por	durch
por causa de	wegen

Adjektive

Das Adjektiv (Eigenschaftswort) richtet sich in Geschlecht und Zahl nach dem Nomen, auf das es sich bezieht. Adjektive, die in der männlichen Form auf **-o** enden, nehmen in der weiblichen Form also die Endung **-a** an und in der Pluralform wird zusätzlich ein **-s** angehängt.

uma vista linda	eine schöne Aussicht
os lugares livres	die freien Plätze

Farben

as cores	die Farben
vermelho	rot
encarnado	rot
verde	grün
amarelo	gelb
azul	blau
cinzento	grau
castanho	braun
preto	schwarz
branco	weiß
claro	hell
escuro	dunkel

Stellung des Adjektivs

Die Position des Adjektivs kann die Bedeutung des Satzes beeinflussen. Ein nachgestelltes Adjektiv drückt Eigenschaften gewissermaßen „neutral" aus, stellt man es voran, verleiht es der Aussage mehr Nachdruck und Gefühl. Mit einem nachgestellten Adjektiv liegt man daher in den meisten Fällen richtig.

a velha amiga	die langjährige Freundin
os amigos velhos	die (an Jahren) alten Freunde
o bom tempo	das schöne Wetter

Steigern und Vergleichen

Gesteigert wird mit **mais** (mehr) oder **o mais** (am meisten). Für den absoluten Superlativ verändert sich die Endung: **-íssimo**. Die weiblichen Formen lauten dementsprechend: **mais**, **a mais**, **-íssima**. In der Mehrzahl wird wiederum einfach ein **-s** angehängt. Eine andere Form der Steigerung ist mit **muito** (sehr, viel) möglich. Übrigens: **muito** spricht man nasal aus: *mũĩtu*.

männlich		weiblich	
caro	teuer	**cara**	teuer
mais caro	teurer	**mais cara**	teurer
o mais caro	der teuerste	**a mais cara**	die teuerste
caríssimo	der aller-teuerste	**caríssima**	die aller-teuerste
muito caro	sehr teuer	**muita cara**	sehr teuer

Wichtige Adjektive mit unregelmäßiger Steigerung

Adjektiv (m/w)	Komparativ	Relativer Superlativ (m/w)	Absoluter Superlativ (m/w)
bom / boa (gut)	**melhor** (besser)	**o / a melhor** (am besten)	**ótimo /-a** (großartig)
grande (groß)	**maior** (größer)	**o / a maior** (am größten)	**máximo /-a** (sehr groß)
pequeno /-a (klein)	**menor** (kleiner)	**o /a menor** (am kleinste)	**mínimo /-a** (sehr klein)
muito /-a (viel)	**mais** (mehr)	**o / a mais** (am meisten)	**muitíssimo** (sehr viele)

pouco /-a (wenig)	**menos** (weniger)	**o / a menos** (am wenigsten)	**pouquíssimo /-a** (sehr wenig)
mau / má (schlecht)	**pior** (schlechter)	**o / a pior** (am schlechtesten)	**péssimo /-a** (sehr schlecht)

So viel zur offiziellen Schriftsprache. Und wie sieht die Praxis aus? Im Alltag werden die unregelmäßigen Steigerungsformen nur selten verwendet. Wundern Sie sich also nicht, wenn Sie z. B. Kunden in einem Schuhgeschäft nach **sapatos mais grande** statt **sapatos maiores** (größere Schuhe) fragen hören.

Vergleichen

Einfache Vergleiche lassen sich mit **do que** (wörtlich: „*von-dem was*") bilden.

Este vinho é mais barato do que o outro?
dieser Wein ist mehr billig von-dem was der andere
Ist dieser Wein billiger als der andere?

Este quarto é mais caro do que o outro.
dieses Zimmer ist mehr teuer von-dem was das andere
Dieses Zimmer ist teurer als das andere.

Personalpronomen

Anders als im Deutschen werden die Personalpronomen (persönlichen Fürwörter) als Ausdruck des Subjekts (Satzgegenstand) nur in wenigen Fällen verwendet. In ganz normalen Sätzen ohne besondere Hervorhebung lässt man sie weg, da die handelnde Person bereits aus der Verb-Endung eindeutig hervorgeht.

Singular		Plural	
eu	ich	**nós**	wir
tu	du	**vós**	ihr
ele	er	**eles**	sie (m Pl)
ela	sie (w Sg)	**elas**	sie (w Pl)
você	Sie	**vocês**	Sie (Pl)

Verwendet werden die Personalpronomen als Subjekt also nur, wenn eine Verwechslung möglich ist, oder um stärker zu betonen: **Sou eu!** „Ich bin's!".

Die „ihr"-Form **vós** ist mittlerweile seltener geworden. Man ersetzt sie zumeist durch **vocês**. Auch die Endung des Verbs muss also entsprechend angepasst werden. Unbekannte oder Respektspersonen werden mit **o senhor / a senhora** angesprochen. Die Anrede **você** ist vertraulicher als das deutsche „Sie" und gilt nur unter gleichgestellten Personen, die sich in der Regel bereits kennen.

Wenn sich die Personalpronomen auf das (direkte oder indirekte) Objekt des Satzes (Satzergänzung) beziehen, kann man sie nicht auslassen. Leider sind die Regeln, wann man diese Fürwörter vor oder hinter das Verb stellt, recht kompliziert. Generell stehen sie eher nach dem Verb und werden dann mit einem Bindestrich angeschlossen. Bei verneinten Verben gehen sie aber voran, und sie werden als getrennte Wörter geschrieben.

Nach Präpositionen stehen die Subjekt-Formen der Personalpronomen, außer in der „ich-" und der „du-" Form. An diesen Stellen gibt es die gesonderten Formen **mim** bzw. **ti**.

Singular		Plural	
me	mich, mir	**nos**	uns
te	dich, dir	**vos**	euch
o	ihn	**os**	sie (m Pl)
a	sie (w Sg)	**as**	sie (w Pl)
lhe	ihm / ihr	**lhes**	ihnen

Isso é para ti / mim.
Das ist für dich / mich.

Vi-o.
(ich-)sah-ihn
Ich habe ihn gesehen.

Não o vi.
nicht ihn (ich-)sah
Ich habe ihn nicht gesehen.

Die „Dativ"-Formen (Frage: wem?) **lhe** und **lhes** gelten jeweils für beide Geschlechter.

Possessivpronomen

Possessivpronomen (besitzanzeigenden Fürwörter) kann man wie Adjektive und wie selbstständige Wörter benutzen.

De quem é esta mochila?
von wem (sie-)ist diese Rucksack
Wem gehört dieser Rucksack?

Esta mochila é a minha.
diese Rucksack (sie-)ist die meine
Dieser Rucksack gehört mir.

Qual é a sua mala?
welche (sie-)ist die seine Koffer
Welcher ist Ihr Koffer?

A minha é esta.
die meine (sie-)ist diese
Das ist meiner.

Hier die konjugierten Formen im Überblick:

	Singular		**Plural**	
	männlich	**weiblich**	**männlich**	**weiblich**
mein (-er, -e, -es)	**o meu**	**a minha**	**os meus**	**as minhas**
dein (-er, -e, -es)	**o teu**	**a tua**	**os teus**	**as tuas**
sein / ihr (-er, -e, -es)	**o seu**	**a sua**	**os seus**	**as suas**
unser (-er, -e, -es)	**o nosso**	**a nossa**	**os nossos**	**as nossas**
euer (eurer, -e, -es)	**o vosso**	**a vossa**	**os vossos**	**as vossas**
ihr (-er, -e, -es)	**o seu**	**a sua**	**os seus**	**as suas**

Achtung: Possessivpronomen werden immer mit einem Artikel verwendet und richten sich in Zahl und Geschlecht nach dem Nomen, auf das sie sich beziehen.

Falta o seu passaporte.
(er-)fehlt der sein Pass
Ihr Pass fehlt.

Já dei ontem à noite
o meu passaporte ao empregado.
schon (ich-)gab gestern zu-die Nacht
der mein Reisepass zu-der Angestellte
Ich habe meinen Pass dem Angestellten
schon gestern Abend gegeben.

Reflexivpronomen

Das Reflexivpronomen **se** (sich) verhält sich genauso wie die Objekt-Pronomen, d. h. es wird in der Regel an das Verb angehängt, kann diesem aber auch vorangehen.

In der „wir"-Form ist hier aus lautlichen Gründen das **-s** der Verb-Endung weggelassen. Ähnliche lautliche Anpassungen des Verbs gibt es auch bei anderen nachgestellten Pronomen.

lavo-me	ich wasche mich
lavas-te	du wäschst dich
lava-se	er / sie wäscht sich
lavamo-nos	wir waschen uns
lavais-vos	ihr wascht euch
lavam-se	sie waschen sich

Adverbien

Adjektive kann man adverbial gebrauchen, indem der weiblichen Form die Endung **-mente** anhängt wird. Auf diese Weise wird dem Verb eine Eigenschaft zugeschrieben:

o comboio rápido
der Zug schnell
der schnelle Zug

O comboio anda rapidamente.
der Zug geht schnell
Der Zug fährt schnell.

Zwei wichtige Adjektive bilden ihr abgeleitetes Adverb aber nicht auf diese Weise, sondern unregelmäßig:

Adjektiv	Adverb	
bom, boa	**bem**	gut
mau, má	**mal**	schlecht

o bom vinho
der gute Wein

O vinho cheira bem.
Der Wein riecht gut.

É um mau plano.
Das ist ein schlechter Plan.

O rapaz porta-se mal.
Der Junge benimmt sich schlecht.

A boa condutora conduz bem.
Die gute Fahrerin fährt gut.

A má condutora conduz mal.
Die schlechte Fahrerin fährt schlecht.

Satzbildung

Die generelle Reihenfolge der Wörter im Satz ist Subjekt (Satzgegenstand) – Prädikat (Satzaussage) – Objekt (Satzergänzung). Hilfsverb und Vollverb (Infinitiv oder Partizip) stehen immer direkt beisammen. Das Objekt steht also nicht wie im Deutschen zwischen den Verben, sondern dahinter.

Começamos a aprender português.
(wir-)beginnen zu lernen Portugiesisch
Wir fangen an, Portugiesisch zu lernen.

Wenn ein Satz verneint wird, steht die Verneinung immer vor den Verben.

Queres ir comigo?
(du-)willst gehen mit-mir
Möchtest du mit mir kommen?

Não quero ir contigo.
nicht (ich-)will gehen mit-dir
Ich möchte nicht mit dir gehen.

Anders als im Deutschen behalten auch Nebensätze (z. B. „weil"-Sätze) die normale Wortreihenfolge bei. Andererseits stehen im Portugiesischen Personalpronomen in Objekt-Funktion nach gewissen Regeln auch schon einmal vor dem Verb, während sie im Deutschen an der gleichen Stelle wie Nomen stehen.

Verben und Zeiten

Um sich auch nur grundlegend unterhalten zu können, kommt man an der Konjugation der Verben nicht vorbei. Es gibt drei Verbklassen, die sich nach Endung der Grundform (Infinitiv) unterscheiden lassen:

Endung	Beispiel	
-ar	**perguntar**	fragen
-er	**comer**	essen
-ir	**pedir**	bitten

Die eigentlichen Personen-Endungen der konjugierten Verben sind aber in den drei Zeitformen weitestgehend gleich.

Gegenwart

Regelmäßige Verben

pergunt-ar	
pergunt-o	ich frage
pergunt-as	du fragst
pergunt-a	er / sie fragt, Sie (Sg) fragen
pergunt-amos	wir fragen
pergunt-ais	ihr fragt
pergunt-am	sie fragen, Sie (Pl) fragen

com-er	
com-o	ich esse
com-es	du isst
com-e	er / sie isst, Sie (Sg) essen

com-emos	wir essen
com-eis	ihr esst
com-em	sie essen, Sie (Pl) essen

ped-ir	
ped-o	ich bitte
ped-es	du bittest
ped-e	er / sie bittet, Sie (Sg) bitten
ped-imos	wir bitten
ped-is	ihr bittet
ped-em	sie bitten, Sie (Pl) bitten

Eu levo as bebidas.
(ich-) mitnehme die Getränke
Ich nehme die Getränke mit.

Pergunto ao senhor onde fica a praia.
(ich)frage zu-dem Herr wo ist die Strand
Ich frage den Herren, wo der Strand ist.

Comemos no hotel?
(wir-)essen im Hotel
Essen wir im Hotel?

Ele pede um novo quarto.
(er-)bittet ein neues Zimmer
Er bittet um ein neues Zimmer.

Unregelmäßige Verben

Es gibt aber auch einige wichtige Verben, die unregelmäßig gebildet werden.

dar (geben)	
dou	ich gebe
dás	du gibst
dá	er / sie gibt, Sie (Sg) geben
damos	wir geben
dais	ihr gebt
dão	sie / Sie (Pl) geben

dizer (sagen)	
digo	ich sage
dizes	du sagst
diz	er / sie sagt, Sie (Sg) sagen
dizemos	wir sagen
dizeis	ihr sagt
dizem	sie / Sie (Pl) sagen

fazer (machen)	
faço	ich mache
fazes	du machst
faz	er / sie macht, Sie (Sg) machen
fazemos	wir machen
fazeis	ihr macht
fazem	sie / Sie (Pl) machen

ir (gehen)	
vou	ich gehe
vais	du gehst
vai	er / sie geht, Sie (Sg) gehen
vamos	wir gehen
ides	ihr geht
vão	sie / Sie (Pl) gehen

poder (können)	
posso	ich kann
podes	du kannst
pode	er / sie kann, Sie (Sg) können
podemos	wir können
podeis	ihr könnt
podem	sie / Sie (Pl) können

pôr (setzen, stellen, legen)	
ponho	ich setze, stelle, lege
pões	du setzt, stellst, legst
põe	er / sie setzt, stellt, legt
pomos	wir setzen, stellen, legen
pondes	ihr setzt, stellt, legt
põem	sie setzen, stellen, legen

querer (wollen)	
quero	ich will
queres	du willst
quer	er / sie will, Sie (Sg) wollen
queremos	wir wollen
quereis	ihr wollt
querem	sie / Sie (Pl) wollen

saber (wissen)	
sei	ich weiß
sabes	du weißt
sabe	er / sie weiß, Sie (Sg) wissen
sabemos	wir wissen
sabeis	ihr wisst
sabem	sie / Sie (Pl) wissen

ver (sehen)	
vejo	ich sehe
vês	du siehst
vê	er / sie sieht, Sie (Sg) sehen
vemos	wir sehen
vedes	ihr seht
veem	sie / Sie (Pl) sehen

vir (kommen)	
venho	ich komme
vens	du kommst
vem	er / sie kommt, Sie (Sg) kommen
vimos	wir kommen
vindes	ihr kommt
vêm	sie / Sie (Pl) kommen

Hilfsverben

Es gibt im Portugiesischen die folgenden vier Hilfsverben:

estar – „sein", im Sinne eines Aufenthaltsorts oder eines vorübergehenden Zustands, z. B. im Bus oder auf einem Platz, aber auch gesundheitliches Befinden.

ser – „sein", im Sinne einer andauernden Eigenschaft, Herkunft, beruflichen Tätigkeit, Charaktereigenschaft, Farbe etc.

ter – „haben", im Sinne von „besitzen". Es wird wie das deutsche Wort „haben" verwendet, z. B. Hunger haben, Geld haben, aber auch im Sinne von „heiß haben" (schwitzen), „kalt haben" (frieren).

haver – „haben". Dieses Hilfsverb kommt in der Alltagssprache selten vor. Allerdings gehört hierzu die häufige Form **há** (es gibt), die auch in anderen Zeitstufen vorkommt.

	estar (sein)	**ser** (sein)	**ter** (haben)	**haver** (haben)
ich	**estou**	**sou**	**tenho**	**hei**
du	**estás**	**és**	**tens**	**hás**
er, sie, Sie (Sg)	**está**	**é**	**tem**	**há**
wir	**estamos**	**somos**	**temos**	**havemos**
ihr	**estais**	**sois**	**tendes**	**haveis**
sie, Sie (Pl)	**estão**	**são**	**têm**	**hão**

Hinweis zur Aussprache:

tens	*tẽĩsch*	du hast
tem	*tẽĩ*	er / sie hat, Sie (Sg) haben
têm	*tẽĩjẽĩ*	sie / Sie (Pl) haben

Eu sou da Alemanha,
estou em Portugal e tenho calor.
ich (ich-)bin von Deutschland
(ich-)bin in Portugal und (ich-)habe Hitze
Ich komme aus Deutschland,
bin jetzt in Portugal, und mir ist heiß.

Verlaufsform

Mit der Konstruktion **estar** + **a** gefolgt von der Infinitivform eines anderen Verbs drückt man aus, dass man im Moment dabei ist, etwas zu tun:

Vocês estão a comer.
Sie (sie-)sind zu essen
Ihr seid am Essen. / Ihr esst gerade.

Zukunft

Sobald man zu erzählen beginnt, reicht das Präsens nicht mehr aus. Man muss lernen, weitere Zeitstufen zu bilden. Um zukünftige Handlungen zu beschreiben, ist es am einfachsten, die Präsensformen von **ir** (gehen) + Infinitiv eines Verbs zu gebrauchen:

Amanhã vou nadar.
morgen (ich-)gehe schwimmen
Ich werde morgen schwimmen.

Vamos comer juntos esta noite?
(wir-)gehen essen zusammen diese Nacht
Gehen wir heute Abend zusammen essen?

Der Umweg über die **ir**-Konstruktion hat den Vorteil, dass man keine Extraformen für die unregelmäßigen Verben lernen muss.

Die eigentliche Zukunftsform erhält man, indem man folgende Personalendungen an den Infinitiv der regelmäßigen Verben hängt:

Endung	**comer** (essen)	
-ei	**comerei**	ich werde essen
-ás	**comerás**	du wirst essen
-á	**comerá**	er / sie wird essen, Sie werden essen
-emos	**comeremos**	wir werden essen
-eis	**comereis**	ihr werdet essen
-ão	**comerão**	sie, Sie (Pl) werden essen

In der portugiesischen Umgangssprache ist es übrigens auch nicht falsch, wenn man wie im Deutschen die Gegenwartszeit in Kombination mit auf die Zukunft bezogenen konkreten Zeitangaben (z. B. „morgen") verwendet.

Vergangenheit

Im Portugiesischen unterscheidet man zwischen mehreren Vergangenheitsformen. Mit dem einfachen Perfekt werden abgeschlossene Handlungen der Vergangenheit ausgedrückt. Es ist das wichtigste und bedeutungsmäßig neutralste Ausdrucksmittel für die Vergangenheit.

Einfaches Perfekt

Regelmäßige Verben		
pergunt-ar (fragen)	**com-er** (essen)	**ped-ir** (bitten)
pergunt-ei	**com-i**	**ped-i**
pergunt-aste	**com-este**	**ped-iste**
pergunt-ou	**com-eu**	**ped-iu**
pergunt-amos	**com-emos**	**ped-imos**
pergunt-astes	**com-estes**	**ped-istes**
pergunt-aram	**com-eram**	**ped-iram**

Wichtige unregelmäßige Verben		
cair (fallen)	**dar** (geben)	**dizer** (sagen)
caí	**dei**	**disse**
caíste	**deste**	**disseste**
caiu	**deu**	**disse**
caímos	**demos**	**dissemos**
caístes	**destes**	**dissestes**
caíram	**deram**	**disseram**

fazer (machen)	**ir** (gehen)	**poder** (können)
fiz	**fui**	**pude**
fizeste	**foste**	**pudeste**
fez	**foi**	**pôde**
fizemos	**fomos**	**pudemos**
fizestes	**fostes**	**pudestes**
fizeram	**foram**	**puderam**
pôr (setzen, stellen, legen)	**querer** (wollen)	**saber** (wissen)
pus	**quis**	**soube**
puseste	**quiseste**	**soubeste**
pôs	**quis**	**soube**
pusemos	**quisemos**	**soubemos**
pusestes	**quisestes**	**soubestes**
puseram	**quiseram**	**souberam**
trazer (herbringen)	**ver** (sehen)	**vir** (kommen)
trouxe	**vi**	**vim**
trouxeste	**viste**	**vieste**
trouxe	**viu**	**veio**
trouxemos	**vimos**	**viemos**
trouxestes	**vistes**	**viestes**
trouxeram	**viram**	**vieram**

Auch die Vergangenheitsformen der Hilfsverben sind stark unregelmäßig. Achtung: Das einfache Perfekt von **ir** ist mit dem von **ser** identisch.

Hilfsverben im historischen Perfekt		
ser (sein)	**estar** (sein)	**ter** (haben)
fui	**estive**	**tive**
foste	**estiveste**	**tiveste**

foi	**esteve**	**teve**
fomos	**estivemos**	**tivemos**
fostes	**estivestes**	**tivestes**
foram	**estiveram**	**tiveram**

Ontem nadei uma hora.
gestern (ich-)schwamm eine Stunde
Gestern bin ich eine Stunde geschwommen.

Já comeste?
schon (du-)aßest
Hast du schon gegessen?

Partizip Perfekt

Für das zusammengesetzte Perfekt verwendet man eine Kombination aus der Präsensform des Hilfsverbs **ter** (haben) und des Partizip Perfekt des Verbs (z. B. „gewaschen", „gegessen"). Bei Verben, die auf **-ar** enden, wird das Partizip Perfekt durch die Endung **-ado** gebildet. Verben, die auf **-er** oder **-ir** enden, bekommen die Endung **-ido**.

Endung	Infinitiv	Partizip Perfekt
Verben auf **-ar**	**perguntar** (fragen)	**perguntado** (gefragt)
Verben auf **-er**	**comer** (essen)	**comido** (gegessen)
Verben auf **-ir**	**pedir** (bitten)	**pedido** (gebeten)

Bei den auf **-ir** endenden Verben wird das Partizip Perfekt allerdings mehrheitlich unregelmäßig gebildet, z. B.:

abrir	öffnen
aberto	geöffnet

Tenho lavado as roupas.
(ich-)habe gewaschen die Kleider
Ich habe die Wäsche gewaschen.

Já tenho comido muitas sardinhas e ainda tenho fome.
schon (ich-)habe gegessen viele Sardinen und noch (ich-)habe Hunger
Ich habe schon viele Sardinen gegessen und habe immer noch Hunger.

Diese Konstruktion eignet sich aber im Prinzip nur für die unmittelbare Vergangenheit. Bei länger zurückliegenden Ereignissen ist sie zwar nicht korrekt, aber als Behelf brauchbar und wird verstanden. Bei korrekter Verwendung muss die Handlung aus der Vergangenheit noch in die Gegenwart hineinreichen bzw. noch immer wirksam sein. Die korrekte Verwendung dieser Konstruktion ist also viel enger gefasst als etwa das deutsche „haben"-Perfekt.

Imperfekt

Mit dem Imperfekt werden Handlungen ausgedrückt, die zu dem Zeitpunkt, an dem eine andere Handlung einsetzt, noch nicht abgeschlossen sind. Es wird oft verwendet, um die Rahmenhandlung für konkrete Einzelereignisse zu schildern. Auch gewohnheitsmäßige oder sich ständig wiederholende Ereignisse der Vergangenheit stehen meist im Imperfekt.

Nós comíamos quando ele entrou.
Wir (wir-)aßen als er (er-)eintrat
Wir aßen gerade, als er hereinkam.

Regelmäßige Verben		
pergunt-ar (fragen)	**com-er (essen)**	**ped-ir** (bitten)
pergunt-ava	**com-ia**	**ped-ia**
pergunt-avas	**com-ias**	**ped-ias**
pergunt-vava	**com-ia**	**ped-ia**
pergunt-ávamos	**com-íamos**	**ped-íamos**
pergunt-áveis	**com-íeis**	**ped-íeis**
pergunt-avam	**com-iam**	**ped-iam**

Wichtige unregelmäßige Verben		
pôr (setzen, stellen, legen)	**vir** (kommen)	**cair** (fallen)
punha	**vinha**	**caía**
punhas	**vinhas**	**caías**
punha	**vinha**	**caía**
púnhamos	**vínhamos**	**caíamos**
púnheis	**vínheis**	**caíeis**
punham	**vinham**	**caíam**

Hilfsverben		
ser (sein)	**estar** (sein)	**ter** (haben)
era	**estava**	**tinha**
eras	**estavas**	**tinhas**
era	**estava**	**tinha**
éramos	**estávamos**	**tínhamos**
éreis	**estáveis**	**tínheis**
eram	**estavam**	**tinham**

Konditional

Um die Bedingungsform zu bilden, werden die Imperfekt-Endungen **-ia**, **-ias**, **-ia**, **-íamos**, **-íeis**, **-iam** an den Infinitiv des Verbs angehängt, z. B.: **eu gostaria**, aber in der Umgangssprache wird dafür meist das Imperfekt verwendet. Auch als Höflichkeitsform ist das Imperfekt eine verbreitete Alternative zum Konditional oder zum Konjunktiv und Imperativ, wenn Sie beispielsweise um etwas bitten oder zu etwas auffordern möchten.

O senhor / A senhora podia ajudar-me?
der Herr / die Dame (er-/sie-)konnte helfen-mir
Könnten Sie mir helfen?

Desejava fazer-lhe um favor.
(ich-)wünschte machen-ihm/-ihr ein Gefallen
Ich würde Ihnen gerne einen Gefallen tun.

Fragen

In Entscheidungsfragen, auf die man normalerweise nur mit Ja oder Nein antworten kann, ist der Fragesatz mit dem Aussagesatz identisch. Nur die Satzmelodie verändert sich.

Tomamos um táxi.
(wir-)nehmen ein Taxi
Wir nehmen ein Taxi.

Tomamos um táxi?
(wir-)nehmen ein Taxi
Nehmen wir ein Taxi?

In einer Ergänzungsfrage, auf die man mit einem vollständigen Satz oder einem Satzteil antwortet, wird dem Aussagesatz ein konkretes Fragewort vorangestellt:

Vamos comer.
(wir-)gehen essen
Wir gehen essen.

Onde vamos comer?
wo (wir-)gehen essen
Wo gehen wir essen?

Gibt es in einem solchen Fragesatz ein Nomen als Subjekt, so tauscht dieses mit dem Verb den Platz:

Este barco vai à ilha da Armona.
dieser Schiff (er-)geht zu-dieInsel von Armona
Dieses Schiff fährt zur Insel Armona.

Para onde vai este barco?
für wo (er-)geht dieser Schiff
Wohin fährt dieses Schiff?

Fragewörter

Mit diesen Fragewörtern weiß man sich in jeder Situation zu helfen:

quem	wer?
que / o que	was?
onde	wo?
donde	woher?
aonde	wohin?
quando	wann?
como	wie?
porque	warum?
com que	womit?
para que	wofür?
que / qual / quais	welche, welcher, welches?

(a) quem	wen?
a quem	wem?
de quem	wessen?
quanto	wie viel?

Aonde vais?
zu-wo (du-)gehst
Wohin fährst du?

Vou a Lisboa.
(ich-)gehe zu Lissabon
Ich fahre nach Lissabon.

Quando kann durch a **que horas**, also zu welcher Uhrzeit ersetzt werden.

Quando / A que horas vais para a praia?
wann (du-)gehst für die Strand
Wann gehst du an den Strand?

Für „was" kann man **que** oder **o que** („das was") sagen. Die Variante **o que** wird am häufigsten verwendet. Außerdem gibt es noch den Ausdruck **o que é que** („das, was ist es, was …").

O que quer tomar?
das was (er-/sie-)will nehmen
Was möchten Sie trinken?

Quero …
Ich möchte …

Porque não passas em minha casa?
warum nicht (du-)vorbeigehst in meine Haus
Warum kommst du nicht bei mir vorbei?

Porque não tenho tempo.
weil nicht (ich-)habe Zeit
Weil ich keine Zeit habe.

Para que serve esta coisa?
für was (sie-)dient diese Sache
Wozu dient dieses Ding?

Serve para ...
(sie-)dient für
Es dient zu ...

Qual é a sua profissão?
welche (sie-)ist die seine Beruf
Was sind Sie von Beruf?

Como se faz este bolo?
wie sich (es-)macht dieser Kuchen
Wie macht man diesen Kuchen?

Faz-se ...
(es-)macht-sich
Man macht ...

Jetzt haben Sie die Form für „man" kennen gelernt. Es handelt sich dabei um das Reflexivpronomen der 3. Person. **Vende-se** bedeutet also „man verkauft", obwohl es wörtlich heißt „es verkauft sich".

Quem tem uma casa para alugar?
wer (er-/sie-)hat eine Haus für vermieten
Wer hat ein Haus zu vermieten?

É o homem que mora na vivenda azul.
(er-)ist der Mann der (er-)lebt in-die Haus blau
Das ist der Mann, der im blauen Haus wohnt.

Quem encontrou ontem?
wer/wen (er-/sie-)traf gestern
Wen haben Sie gestern getroffen?

Encontrei o seu chefe.
(ich-)traf der sein Chef
Ich traf Ihren Chef.

Indirekte Objekte (Frage: wem?) werden mit dem Verhältniswort **a** angeschlossen, d. h. ganz gleich ob als Nomen oder Pronomen (persönliches oder auch Fragefürwort), und ob in Fragen oder Aussagesätzen. Daher heißt es in den nachfolgenden Sätzen **a quem** bzw. **ao senhor da Silva**.

A quem pertence este terreno?
zu wer (er-)gehört dieser Grundstück
Wem gehört dieses Grundstück?

Pertence ao senhor da Silva.
(er-)gehört zu-dem Herr da Silva
Es gehört Herrn da Silva.

De quem é este barco?
von wer (er-)ist dieser Boot
Wessen Boot ist das? / Wem gehört dieses Boot?

É do rapaz cujo pai tem o restaurante.
(er-)ist von-der Junge dessen Vater (er-)hat der Restaurant
Das gehört dem Jungen, dessen Vater das Restaurant besitzt.

Verneinung

Es gilt im Portugiesischen als unhöflich, auf eine Frage kurz angebunden nur mit „ja“ oder „nein“ zu antworten. Stattdessen wiederholt man zusätzlich den entsprechenden Aussagesatz.

Não, não sei.
Nein, nicht (ich-)weiß
Nein, ich weiß nicht.

O senhor / A senhora tem carta de conduçao?
der Herr / die Dame (er-/sie-)hat Karte von Führung
Haben Sie einen Führerschein?

Não, não tenho carta de condução.
Nein nicht (ich-)habe Karte von Führung
Nein, ich habe keinen Führerschein.

Vocês saem amanhã ou ficam mais uma noite?
Sie (sie-)abfahren morgen oder (sie-)bleiben mehr eine Nacht
Reisen Sie morgen ab oder bleiben Sie noch eine Nacht?

Ainda não sabemos, talvez fiquemos.
noch nicht (wir-)wissen vielleicht (wir-)blieben
Wir wissen es noch nicht, vielleicht bleiben wir.

Folgende Wörter können außerdem hilfreiche sein, wenn man etwas verneinen oder abwägen möchte:

nunca	nie
nunca mais	nie wieder
de nenhuma maneira	keineswegs
talvez	vielleicht
possivelmente	möglicherweise
quem sabe	wer weiß

Zahlen und Zählen

Quanto custa? „Wie viel kostet das?"

Wenn man die Antwort darauf verstehen will, muss man die Zahlen lernen.

0	**zero**
1	**um, uma**
2	**dois, duas**
3	**três**
4	**quatro**
5	**cinco**
6	**seis**
7	**sete**
8	**oito**
9	**nove**
10	**dez**
11	**onze**
12	**doze**

13	**treze**
14	**catorze**
15	**quinze**
16	**dezasseis**
17	**dezassete**
18	**dezoito**
19	**dezanove**
20	**vinte**
21	**vinte e um / uma**
22	**vinte e dois**
23	**vinte e três**
24	**vinte e quatro**
25	**vinte e cinco**
26	**vinte e seis**
27	**vinte e sete**
28	**vinte e oito**
29	**vinte e nove**

Die Zahlen 1 und 2 haben, ebenso wie die Hunderter verschiedene Formen für männliche und weibliche gezählte Gegenstände bzw. Personen. Sie verhalten sich also ähnlich wie Adjektive.

30	**trinta**
40	**quarenta**
50	**cinquenta**
60	**sessenta**
70	**setenta**
80	**oitenta**
90	**noventa**
100	**cem**

In den zusammengesetzten Zahlen von 101 bis 199 heißt 100 **cento**, ab 200 heißt es dann (mit Abweichungen) **-centos** (m Pl) bzw. **-centas** (w Pl). Bei 500 ist die Unregelmäßigkeit größer, aber auch hier gibt es zwei Geschlechter.

101	**cento e um / uma**
199	**cento e noventa e nove**
200	**duzentos / -as**
300	**trezentos / -as**
400	**quatrocentos / -as**
500	**quinhentos / -as**
600	**seiscentos / -as**
700	**setecentos / -as**
800	**oitocentos / -as**
900	**novecentos / -as**
1000	**mil**
2000	**dois mil, duas mil**
10.000	**dez mil**
100.000	**cem mil**

Wie in anderen Sprachen auch, sind die Ordnungszahlen echte Adjektive und stimmen daher im Geschlecht (und in bestimmten Sinnzusammenhängen auch schon einmal in der Zahl) mit dem Nomen, auf das sie sich beziehen, überein.

1.	**primeiro / -a**
2.	**segundo / -a**
3.	**terceiro / -a**
4.	**quarto / -a**
5.	**quinto / -a**

6.	**sexto / -a**
7.	**sétimo / -a**
8.	**oitavo / -a**
9.	**nono / -a**
10.	**decimo / -a**

Rechnen

mais	plus
menos	minus
vezes	mal
a divider	geteilt durch

Dois mais três são cinco.
2 + 3 = 5

Oito menos quatro são quatro.
8 – 4 = 4

Três vezes três são nove.
3 × 3 = 9

Dez a dividir por dois são cinco.
10 : 2 = 5

Zeit und Datum

Hier einige hilfreiche Begriffe, um allgemeine Zeitangaben zu machen:

hoje	heute
amanhã	morgen
ontem	gestern
cedo – tarde	früh – spät
depois, mais tarde	später
agora – logo	jetzt – gleich
quando	als, wann
em	in
entre	zwischen
desde	seit
até	bis
há dois dias	vor zwei Tagen („es hat zwei Tage")
daqui a quatro dias	in vier Tagen
a semana passada	letzte Woche
na próxima semana	in der nächsten Woche
o fim de semana	Wochenende
o dia feriado	Feiertag
o aniversário	Geburtstag
o mês inteiro	der ganze Monat
o ano	das Jahr
estação do ano	Jahreszeit

Vou encontrar-te entre as cinco e as cinco e meia.
(ich-)gehe treffen-dich zwischen die fünf und die fünf und halbe
Ich treffe dich zwischen fünf und halb sechs.

A camioneta está atrasada. / O comboio está atrasado.
die Bus / der Zug (er-)ist verspätet
Der Überlandbus / Der Zug ist verspätet.

Uhrzeit

Wenn im Deutschen von der Uhrzeit die Rede ist, spricht man im Portugiesischen von **as horas**, also den „Stunden".

Que horas são?
was Stunden (sie-)sind
Wie spät ist es?

É uma hora (de manhã).
(sie-)ist eine Stunde (von-die Morgen)
Es ist ein Uhr (morgens).

de manhã	morgens
da tarde	nachmittags
da noite	abends, nachts
durante o dia	tagsüber
meio-dia	Mittag
meia-noite	Mitternacht

São duas horas (da tarde).
(sie-)sind zwei Stunden (von-die Nachmittag)
Es ist zwei Uhr (nachmittags).

São três e cinco.
(sie-)sind drei und fünf
Es ist fünf nach drei.

É meio-dia / meia-noite.
(er-)ist halber-Tag / halbe-Nacht
Es ist Mittag / Mitternacht.

São cinco e meia.
(sie-)sind fünf und halbe
Es ist halb sechs.

São dez para as duas.
(sie-)sind zehn für die zwei
Es ist zehn vor zwei.

São onze e um quarto.
(sie-)sind elf und ein Viertel
Es ist Viertel nach elf.

É um quarto para o meio-dia.
(er-)ist ein Viertel für der halbe-Tag
Es ist Viertel vor zwölf (mittags).

A que horas sai o comboio para o Porto?
zu was Stunden (er-)abfährt der Zug für der Porto
Um wie viel Uhr fährt der Zug nach Porto ab?

Às quatro e onze da tarde.
zu-die vier und elf von-die Nachmittag
Um elf nach vier nachmittags.

Às dezasseis e onze.
zu-die sechzehn und elf
Um 16:11 Uhr.

Wochentage

segunda feira	Montag
terça feira	Dienstag
quarta feira	Mittwoch
quinta feira	Donnerstag
sexta feira	Freitag
sábado	Samstag
domingo	Sonntag

Feira heißt „Markttag“ und kann bei der Bezeichnung des Wochentages auch weggelassen werden. Für z. B. „Montag“ reicht es also aus, anstatt **segunda-feira** nur **segunda** zu sagen.

Que dia é hoje?
Welcher Tag ist heute?

Hoje é segunda.
Heute ist Montag.

Monate

janeiro	Januar
fevereiro	Februar
março	März
abril	April
maio	Mai
junho	Juni
julho	Juli
agosto	August
setembro	September
outubro	Oktober
novembro	November
dezembro	Dezember

Jahreszeiten

a primavera	der Frühling
o verão	der Sommer
o outono	der Herbst
o inverno	der Winter

Mengen und Maße

Hier einige Mengenangaben und -bezeichnungen, die in Portugal üblich sind:

muito	viel
pouco	wenig
tudo	alles
mais	mehr
menos	weniger
bastante	genug
apenas	nur
tanto	so viel
demais	zu viel
algo	etwas
pelo menos	mindestens
ao menos	wenigstens
um par	ein Paar
uma dúzia	ein Dutzend
um conto	1000
dois contos	2000
60 e tal	60 und etwas
un quarto	ein Viertel

Maßeinheiten

milímetro	Millimeter
centímetro	Zentimeter
decímetro	Dezimeter

metro	Meter
légua marítima	Seemeile
litro	Liter
metro quadrado	Quadratmeter
hectare	Hektar
metro cúbico	Kubikmeter
grama	Gramm
miligrama	Milligramm
meio quilo	halbes Kilo
quilo	Kilo
tonelada	Tonne

Fassade in Porto

Portugiesisch sprechen

In den folgenden Abschnitten werden Sie mit der Konversation vertraut gemacht. Beschleunigen Sie Ihr Lernen, indem Sie im Restaurant die Speise- und Getränkenamen in der portugiesischen Sprache lesen. Mehr dazu im Kapitel „Essen und Trinken" ab Seite 93. Vergleichen Sie die Namen mit der Speisekarte auf Deutsch. Im Supermarkt empfehle ich Ihnen, Prospekte mitzunehmen und gemütlich zu studieren. Das Schöne ist, alle Produkte sind mit Foto abgebildet und Sie lernen die portugiesischen Namen für Alltagsartikel. Am Flughafen, in großen Bahnhöfen, Touristikämtern und vielen Gemeindeverwaltungen gibt es Broschüren für Reisende. Bedienen Sie sich. Die Publikationen sind oft mehrsprachig, das macht das Lernen einfach und sehr effektiv.

Das Thema Beschimpfungen behandle ich nur marginal (Kapitel „Schimpfen und Fluchen" auf Seite 121). Hand aufs Herz – wollen wir Feinde oder Freunde gewinnen? Konzentrieren wir uns auf die Schönheit der neu zu erlernenden Sprache und die kulturelle Bereicherung.

Wörter, die weiterhelfen

Ohne größere Grammatikkenntnisse können Sie sich bereits mithilfe der folgenden Formulierungen verständigen.

Onde é ... ?

Wenn man etwas sucht, beginnt man mit **onde é ...** („wo ist ...") und hängt daran an, was man sucht:

Onde é um hotel?	Wo ist ein Hotel?
Onde é uma farmácia?	Wo ist eine Apotheke?
Onde é o sanitário?	Wo ist die Toilette?

Há … ?

Wenn man unsicher ist, ob es in einem Geschäft oder einem Café etwas Bestimmtes gibt, fragt man mit **Há … ?** „Gibt es … ?“

Há pão?	Gibt es Brot?
O que há para comer?	Was gibt es zum Essen?
Há chá?	Gibt es Tee?
Há água?	Gibt es Wasser?
Há bananas?	Gibt es Bananen?

Quero …

Mit **quero …** verlangt man etwas, das erhältlich ist und das man gerne haben möchte:

Quero beber água.	Ich möchte Wasser trinken.
Quero uma cerveja.	Ich möchte ein Bier.
Quero um quilo de bananas.	Ich möchte ein Kilo Bananen.
Quero um quarto.	Ich möchte ein Zimmer.
Quero um bilhete para Évora.	Ich möchte eine Fahrkarte nach Évora.

Wenn man den Namen einer Sache nicht weiß, kann man folgende Wendung gebrauchen:

Quero um quilo disso.
(ich-)will ein Kilo von-das
Ich möchte ein Kilo davon.

Die Form **disso** ist ebenso wie do und da eine Verschmelzung der Präposition **de** mit einem anderen Wort, in diesem Fall mit einem Demonstrativpronomen.

Quanto custa ... ?

Wenn man sich nach dem Preis erkundigen möchte, fragt man **quanto custa ... ?**

Quanto custa isto?	Wie viel kostet das hier?
Quanto custa o quarto?	Wie viel kostet das Zimmer?
Quanto custa o quilo?	Wie viel kostet das Kilo?

O quê?
Was?

Percebe?
(er-/sie-)versteht
Verstehen Sie?

Não percebo bem, por favor, fale mais devagar.
nicht (ich-)verstehe gut durch Gefallen (er-/sie-)spreche mehr langsam
Ich verstehe nicht gut, sprechen Sie bitte langsamer.

Hier einige Möglichkeiten, auf Fragen zu antworten.

certamente	gewiss
com certeza	ganz gewiss
sem dúvida	ohne Zweifel
Sim, eu sei.	Ja, ich weiß.
Com certeza!	Mit Sicherheit! Natürlich!
Graças a Deus!	Gott sei Dank!

Pois, pois!

Bekommt man die Antwort **pois, pois!** heißt so viel wie „ja, ja", „so, so", „So ist es!". Zur Abwechslung wird auch mal ein **é é** („ist ist") eingestreut.

Land und Leute

Portugal ist ein kleines Land, das nicht nur Einheimische, sondern auch Menschen aus vielen anderen Ländern ihr Zuhause nennen. Besonders Einwanderer aus den ehemaligen Kolonien in Südamerika und Afrika, aber auch Menschen aus anderen europäischen Ländern haben sich in Portugal niedergelassen.

Offenheit zeichnet das Verhalten vieler Portugies:innen aus. Sehr schnell stellen sie persönliche Fragen, sind interessiert und zeigen Anteilnahme. Das macht es leicht, Bekanntschaften zu schließen und ins Gespräch zu kommen. Wenn man etwas sucht, geht die Hilfsbereitschaft oft so weit, dass Portugies:innen ein Stück oder den ganzen Weg mitgehen. Höflichkeit spielt eine große Rolle. Das findet sich auch in der Sprache wieder: **o senhor, a senhora** (der Herr, die Dame), **com prazer** (mit Vergnügen), **sempre às ordens** (immer zu Ihrer Verfügung), **se quiser** (wenn Sie wünschen).

Mit der Pünktlichkeit wird es nicht so genau genommen. Um neun Uhr, wenn die Ämter öffnen, treffen die Angestellten erst langsam ein. Jeder schüttelt jedem die Hand und auch im Alltag, wenn z. B. bestellte Ware nicht angekommen ist, bleibt man eher gelassen: **Paciência, talvez amanhã!** (Geduld, vielleicht morgen!).

Namen und Anrede

Wenn jemand seinen Namen nennt, handelt es sich meistens um den Vornamen. Die Person wird dann z. B. mit **o senhor Jürg** oder **você** angesprochen. Die Regeln sind etwa die gleichen wie in Deutschland. Ich empfehle, den Vornamen oder den vollständigen Namen zu nennen, wenn man danach gefragt wird.

o senhor	der Herr
os senhores	die Herren
a senhora	die Dame
as senhoras	die Damen
Dona Hilda	Frau Hilda
menina	Fräulein (= Mädchen)
você	Sie (unter Bekannten)
vocês	Sie (Pl) (unter Bekannten)

Begrüßen und Verabschieden

Bom dia.	Guten Tag. (bis Mittag)
Muito bom dia.	Einen wunderschönen guten Tag.
Boa tarde.	Guten Tag / Nachmittag. (Mittag bis Sonnenuntergang)
Boa noite.	Guten Abend. / Gute Nacht.
Olá!	Hallo!
Muito prazer!	Sehr erfreut!
Tchau!	Tschüss!
Adeus!	Auf Wiedersehen!
Até já!	Bis gleich!
Até logo!	Bis später!
Até depois!	Bis nachher!
Até outra vez!	Bis zum nächsten Mal!
Até segunda!	Bis Montag!

In Portugal schüttelt man sich sehr gerne die Hände bei der Begrüßung.

Como se chama / te chamas?
wie sich (er-/sie-)ruft / dich (du-)rufst
Wie heißen Sie / heißt du?

Chamo-me ... / O meu nome é ...
(ich-)rufe-mich ... / der mein Name (er-)ist ...
Ich heiße ...

São os meus amigos Frank e Gaby da Suiça.
(sie-)sind die meine Freunde Frank und Gaby von-die Schweiz
Das sind meine Freunde Frank und Gaby aus der Schweiz.

São os meus pais.
(sie-)sind die meine Väter
Das sind meine Eltern.

Muito prazer!
viel Vergnügen
Sehr erfreut!

Muito obrigado. Tchau.
Vielen Dank. Tschüss.

De nada, sempre às ordens. Adeus.
von nichts immer zu-die Befehle auf Wiedersehen
Keine Ursache, immer zu Diensten. Auf Wiedersehen.

Das ist meistens ehrlich gemeint und somit keine abgegriffene Floskel. Und mit der folgenden Floskel verabschieden sich Leute, die sich gerade kennengelernt haben.

Boa noite e muito prazer. Até outra vez.
gute Nacht und viel Vergnügen bis andere Mal
Gute Nacht, sehr erfreut. Bis zum nächsten Mal.

Floskeln und Redewendungen

Wir bedienen uns Floskeln und Redewendungen, um die Begrüßung auszuschmücken. Fragen nach dem Wohlbefinden gehören genauso dazu wie die Nachfrage, ob es geschmeckt hat.

Bom dia, o senhor / a senhora, como vai?
guter Tag der Herr / die Dame wie (er-/sie-)geht
Guten Tag, wie geht es Ihnen?

Mais ou menos.
mehr oder weniger
So la la.

Como vai?	Wie geht's?
Passou bem?	Geht's gut?
Tudo bem?	Alles gut?
Mais ou menos.	So la la.
Obrigado/-a.	Danke.
Tudo bem.	Alles gut.
Saúde!	Gesundheit! (Niesen)
Sempre às ordens!	Immer zu Diensten!

Olá Elsa.
Tudo bem?
hallo Elsa
alles gut
Hallo Elsa,
alles in Ordnung?

Olá Verena,
estou cansado, e tu?
hallo Verena
(ich-)bin müde und du
Hallo Verena,
ich bin müde, und du?

Gostou do prato do dia?
(sie-)gefallen der Gericht von-der Tag
Hat Ihnen das Tagesgericht gefallen?

Lamento muito.
(ich-)bedaure viel
Es tut mir sehr leid.

Olha, foi sem querer.
schau (es-)war ohne wollen
Das war keine Absicht.

Não foi culpa minha.
nicht (es-)war meine Schuld
Es war nicht meine Schuld.

Não importa.
nicht wichtig
Schon gut.

Auf sich aufmerksam machen

Com licença!	Gestatten Sie!
Se faz favor, o senhor / a senhora!	Bitte, der Herr / die Dame!
Ei, menina / rapaz!	He, Mädchen / Junge!

O senhor / A senhora podia ajudarme?
der Herr / die Dame (er-/sie-)konnte helfen-mir
Könnten Sie mir helfen?

É a minha vez!
(sie-)ist die meine Mal
Ich bin dran!

Agora sou eu!
jetzt (ich-)bin ich
Jetzt bin ich dran!

Berichten und Erklären

Vê, ...	Schauen Sie, ...
Sabes, ...	Weißt du, ...
Espera, ...	Moment mal, ...
Posso explicar, ...	Kann ich erklären, ...

Gesten und Handzeichen

Im Portugiesischen nimmt die Körpersprache einen wichtigen Platz ein. Wenn man genau hinsieht, verrät die Körpersprache viel über den Gemütszustand des Gesprächspartners. Gewisse Gesten ersetzen sogar Worte, so fasst sich z. B. eine Person an das Ohrläppchen, spitzt den Mund und reißt die Augen auf, wenn sie etwas besonders gut findet. Winkt Ihr Gegenüber mit dem Zeigefinger oder dem kleinen Finger ab, ist er oder sie mit einer Sache nicht einverstanden – diese Bewegung kann mit dem Wörtchen **crias** (glaubtest du) begleitet werden. Streift sich der Gesprächspartner abwechselnd mit der einen Hand über die andere, Handinnenfläche nach unten, möchte er damit auszudrücken, dass eine Sache nichts taugt oder sehr schnell zum eigenen Vorteil erledigt wurde.

Bitten, Danken, Wünschen

Wann immer man ein Bedürfnis anmeldet, kommt es auf die richtige Formulierung an.

(Se) faz favor ...	Bitte ...
Por favor ...	Bitte ...
Se faz favor, arranjeme ...	Bitte besorgen / beschaffen Sie mir ...
Por favor, quero ...	Ich möchte bitte ...
Obrigado/-a.	Danke.

É possível trazer ... ?
(es-)ist möglich bringen
Kann ich ... haben / bekommen?

Ó Franco, trazme o sal!
He Franco,
bring mir das Salz!

Se faz favor, trazme o sal.
wenn (er-)macht Gefallen
(er-)bringt-mir der Salz
Bringen Sie mir bitte das Salz.

Wenn man seinen Tischnachbarn auf diese Weise nach Franco rufen hört, kann man annehmen, dass sich beide gut kennen. Man selbst hält sich besser an die höfliche Form.

Der Ausdruck für „danke", **obrigado,** ist eigentlich ein Adjektiv und bedeutet „verpflichtet". Daher muss ihn die sprechende Person an ihr Geschlecht anpassen. Eine Frau sagt also **obrigada.** Und wenn man im Namen einer ganzen Gruppe spricht, kann es auch mal **obrigados** bzw. **obrigadas** heißen.

Das erste Gespräch

Wenn man etwas trinken geht, irgendwo übernachten will oder in ländlichen Gegenden einen Zwischenstopp macht, wird man oft in kleine Gespräche verwickelt, denn die Menschen sind sehr aufgeschlossen.

Bis eine Unterhaltung flüssig abläuft, braucht es einige Übung, darum sollte man jede Gelegenheit dafür nutzen.

Donde vens?
von-wo (du-)kommst
Woher kommst du?

Sou da Suiça.
(ich-)bin von-die Schweiz
Ich bin aus der Schweiz.

Estão de férias?
(sie-)sind von Ferien
Sind Sie im Urlaub?

Sim, estamos.
ja (wir-)sind
Ja, das sind wir.

Gostam do nosso país?
(sie-)gern-haben von-der unser Land
Gefällt Ihnen unser Land?

Sim, gostamos muito.
ja (wir-)gern-haben viel
Ja, es gefällt uns sehr.

Gostamos do sol e da natureza.
(wir-)gern-haben von-der Sonne und von-die Natur
Wir genießen die Sonne und die Natur.

Já estão cá há muito tempo?
schon (sie-)sind hier (es-)hat viel Zeit
Sind Sie schon lange hier?

Faz dois semanas.
(es-)macht zwei Wochen
Seit zwei Wochen.

Über das Wetter

Im Norden Portugals kommt es auch im Sommer vor, dass morgens Nebel die Sicht behindert. Ungeachtet dessen gehen die Leute an den Strand. Gegen Mittag zeigt sich dann normalerweise die Sonne.

?

Hoje faz calor.
heute (es-)macht Wärme
Heute ist es heiß.

Sim, faz muito calor.
ja (es-)macht viel Wärme
Ja, es ist sehr heiß.

?

Choveu pouco este ano?
(es-)regnete wenig dieser Jahr
Hat es dieses Jahr wenig geregnet?

Sim, muito pouco. Tudo está seco.
ja viel wenig alles (es-)ist trocken
Ja, sehr wenig. Alles ist trocken.

?

Hoje está frio.
heute (es-)ist kalt
Heute ist es kalt.

Sim, está nublado.
ja (es-)ist wolkig
Ja, es ist bewölkt.

?

Vai chover?
(es-)geht regnen
Wird es regnen?

Parece que não.
(es-)scheint dass nicht
Es scheint nicht so.

Zu Gast sein

Haben Sie erst einmal Bekanntschaft geschlossen, kann es passieren, dass man (z. B. auf dem Campingplatz) zum Mitessen eingeladen wird. Lädt man selbst portugiesische Freunde ein, schlagen sie das erste Angebot oft aus, dann fragt man einfach noch einmal.

?

Queres comer com a gente?
(du-)willst essen mit die Leute
Willst du mit uns essen?

Não obrigado, não quero incomodar.
nein danke nicht (ich-)will stören
Nein danke, ich möchte nicht stören.

!

Podes, não vais incomodar.
(du-)kannst nicht (du-)gehst stören
Du kannst ruhig, du störst nicht.

Vou, com muito prazer, obrigado.
(ich-)gehe mit viel Vergnügen danke
Dann sehr gerne, danke.

A gente (die Leute) ist ein volkstümlicher Ausdruck für die 1. Person Pl. und ersetzt somit das Pronomen **nós**.

A comida foi muito boa.
die Essen (sie-)war sehr gute
Das Essen war sehr gut.

Kurz bevor man platzt, kann dieser Satz sehr hilfreich sein:

Não quero mais, já tenho a barriga cheia!
nicht (ich-)will mehr schon (ich-)habe die Bauch volle
Ich möchte nichts mehr, ich bin satt!

In ländlichen Gegenden lernt man als Gast oft die ganze Familie kennen, was mit dem Trinken von **aguardente** (Schnaps) einhergehen kann. Blumen sind als Gastgeschenk nicht üblich. Wenn man Pech hat, wählt man Blumen aus, die ausschließlich als Schmuck für die Gräber benutzt werden. Süßigkeiten eignen sich eher als Mitbringsel. Wenn Portugiesen sich erkenntlich zeigen möchten, machen sie den Kindern des Gastgebers ein Geschenk.

Vens amanhã à minha casa?
(du-)kommst morgen zu-die meine Haus
Kommst du morgen zu mir?

A que horas?
zu was Stunden
Um wie viel Uhr?

À hora do almoço / jantar.
zu-die Stunde von-der Mittagessen / Abendessen
Zum Mittagessen / Abendessen.

Vamonos encontrar esta tarde.
(wir-)gehen-uns treffen diese Nachmittag
Wir werden uns heute Nachmittag treffen.

Onde?
Wo?

Às seis horas no Restaurante Piripiri.
zu-die sechs Stunden in-der Restaurant Piripiri
Um sechs Uhr im Restaurant Piripiri.

Hoje não temos tempo.
heute nicht (wir-)haben Zeit
Heute haben wir keine Zeit.

Pode ser outro dia?
(es-)kann sein anderer Tag
Kann es auch an einem anderen Tag sein?

Passas lá em minha casa?
(du-)vorbeigehst dort in meine Haus
Kommst du bei mir zu Hause vorbei?

Unterwegs

Lassen Sie sich von Portugal anstecken und begleiten. Sportliebhaber, Museums- und Kulturbegeisterte ebenso wie Menschen, die Gesundheit und Wohlbefinden suchen, werden hier fündig, denn Portugal offeriert ein sehr breites Angebot. Wählen Sie zwischen tollen Stränden, Weinanbaugebieten, einzigartigen Landschaften und Städten!

In der Stadt

Des Öfteren wird man von den Portugiesen ein Stück des Weges begleitet, wenn man etwas sucht. Das ist die sicherste Art, etwas zu finden.

Hier einige Begriffe, die man benötigt, wenn man sich zurechtfinden will.

Im Straßenverkehr

à esquerda	links
à direita	rechts
em frente	geradeaus
do outro lado	auf der anderen Seite
ao fundo	am Ende (z. B. einer Straße)
estrada	Landstraße
rua	Ortsstraße
caminho com / sem alcatrão	Weg mit / ohne Asphaltbelag
travessa	Gasse
avenida	Allee
passagem	Fußgängerstreifen, Durchgang
cruzamento	Kreuzung
semáforo	Ampel

Gebäude, Plätze und Denkmäler

estação ferroviária, estação dos comboios	Bahnhof (Zug)
estação das camionetas	Busbahnhof
paragem de autocarros	Bushaltestelle

cais dos barcos	Schiffssteg
prédio	Gebäude
vivenda, casa	Haus
hotel	Hotel
pensão	Pension
loja	Laden
largo	kleiner öffentlicher Platz
praça (do mercado)	(Markt)Platz
escada	Treppe
subida	Aufstieg
descida	Abstieg
monumento	Denkmal
árvore	Baum

Desculpe, onde fica a estação das camionetas?
entschuldige(-er/-sie) wo (sie-)bleibt die Station von-die Busse
Entschuldigen Sie, wo ist die Haltestelle der Überlandbusse?

Vá sempre em frente
e vire à direita e a segunda rua à esquerda.
gehe(-er/-sie) immer in Front
und wende(-er/-sie) zu-die rechte und die zweite Straße zu-die linke
Gehen Sie immer geradeaus,
dann nach rechts und die zweite Straße links.

Logo na primeira curva fica a (estação) rodoviária.
gleich in-die erste Kurve (sie-)bleibt die (Station) fernstraßenmäßige
Gleich in der ersten Kurve liegt der Fernreisebusbahnhof.

Wenn man sich erklären lässt, wo sich ein Laden oder ein Hotel befindet, sollte man gleichzeitig nach der Farbe des Hauses fragen! Die versteht man sicher und man erhält einen guten Hinweis, denn die Häuser sind in vielen verschiedenen Farben gestrichen. Farbwörter sind Adjektive und richten sich somit in Zahl und Geschlecht nach dem dazugehörigen Nomen. **Mehr dazu im Kapitel „Adjektive“ auf Seite 25.**

Qual é a cor do prédio?
welche (sie-)ist die Farbe von-der Gebäude
Welche Farbe hat das Gebäude?

É amarelo.
(er-)ist gelb
Es ist gelb.

Mit öffentlichen Verkehrsmitteln

Wer mit dem Bus reist, hat den Vorteil, immer im Zentrum anzukommen. Bahnhöfe befinden sich im Gegensatz dazu oft außerhalb der Dörfer. Dann muss man den Weg ins Dorf zu Fuß bewältigen oder ein Taxi nehmen, falls vorhanden.

Wenn man nicht mit Expressbussen fährt, geht es gemütlich zu. Der Fahrplan ist so eingeteilt, dass halsbrecherische Fahrten ausbleiben. Auf längeren Strecken gibt es oft Stationen, an denen etwas länger angehalten wird und man sich die Zeit für einen Kaffee und einen Snack nehmen kann. Die Busse fahren oft durch die Dörfer, was sehr abwechslungsreich ist.

avião	Flugzeug
aeroporto	Flugplatz
voo	Flug
chegada	Ankunft
partida	Abflug
carro	Auto

autocarro	Stadtbus
camioneta	Überlandbus
comboio	Zug
elétrico	Straßenbahn
metro	U-Bahn
barco	Schiff
bicicleta	Fahrrad
mota	Motorrad
ir de pé	zu Fuß gehen
bilheteira	Fahrkartenschalter
primeira classe	1. Klasse
segunda classe	2. Klasse
preço	Preis
suplemento	Aufschlag
ida e volta	hin und zurück
direto	direkt
reservar	reservieren
ocupado	besetzt
informação	Information
entrada	Eingang
saída	Ausgang, Abfahrt
partir, sair	abfahren
chegada	Ankunft
chegar	ankommen
parar	anhalten
devagar	langsam
rápido	schnell
mudar	wechseln
atrasado	verspätet
cais	Bahnsteig

paragem	Haltestelle
a próxima / última paragem	die nächste / letzte Haltestelle
o primeiro / último autocarro	der erste / letzte Bus
ligação	Anschluss

A que horas parte o próximo comboio para ... ?
zu was Stunden (er-)abfährt der nächste Zug für ...
Wann fährt der nächste Zug nach ... ?

Quero ir para ...
(ich-)will gehen für ...
Ich möchte nach ...

Quanto custa ida e volta para ... ?
wie-viel (er-)kostet hin und zurück für ...
Wie viel kostet eine Hin- und Rückfahrkarte nach ... ?

Quero sair na próxima paragem.
(ich-)will aussteigen in-die nächste Haltestelle
Ich möchte an der nächsten Haltestelle aussteigen.

Onde é preciso mudar de autocarro para ... ?
wo (es-)ist nötig wechseln von Autobus für ...
Wo muss man zum Bus nach ... umsteigen?

Este autocarro vai para ...
dieser Bus (er-)geht für ...
Dieser Bus fährt nach ...

Tem ligação para ... ?
(er-)hat Verbindung für ...
Hat er Anschluss an / nach ... ?

Para onde vai?
für wo (er-)geht
Wohin fährt er?

Onde posso encontrar um táxi?
wo (ich-)kann finden ein Taxi
Wo finde ich ein Taxi?

Mit dem Auto

carro	Auto
mota	Motorrad
automóvel de aluguer	Mietwagen
alugar	mieten
garagem	Werkstatt
mecânico	Mechaniker
bomba de gasolina	Tankstelle
meter gasolina	tanken
gasolina	Benzin
gasóleo	Diesel
parque de estacionamento	Parkplatz
estacionar	parken
reboque	Abschleppwagen
estação de carregamento de veículos elétricos	Ladestation (E-Auto)
autoestrada	Autobahn
limite m de velocidade	Geschwindigkeitsbegrenzung
engarrafamento	Stau

Posso estacionar aqui?
(ich-)darf parken hier
Darf ich hier parken?

Onde é a bomba de gasolina mais próxima?
wo (sie-)ist die Tankstelle mehr nah
Wo ist die nächste Tankstelle?

Onde posso carregar o meu carro elétrico
wo (ich-)kann aufladen der mein Auto elektrisch
Wo kann ich mein Elektroauto aufladen?

Não tenho gasolina / gasóleo.
nicht (ich-)habe Benzin / Dieselöl
Ich habe kein Benzin / Diesel.

Onde há uma garagem?
wo (es-)hat eine Garage
Wo gibt es eine Werkstatt?

Pode ir buscar o meu carro?
(er-/sie-)kann gehen suchen der mein Wagen
Können Sie meinen Wagen abholen?

Pode mandar um mecânico?
(er-/sie-)kann schicken ein Mechaniker
Können Sie einen Mechaniker schicken?

Não funciona.
nicht (er-)funktioniert
Er funktioniert nicht.

É grave?
(es-)ist schwer
Ist es schlimm?

Pode reparar / arranjar agora?
(er-/sie-)kann reparieren / arrangieren jetzt
Können Sie es jetzt reparieren / in Ordnung bringen?

Die Arbeit ist günstig, das Material dagegen teuer. Viel geschweißt, geflickt und wenig ersetzt bzw. ausgetauscht wird nur noch bei „allgemeinen Mechanikern“ (**mecânico geral**).

Motorradfahrer versuchen es am besten bei der nächsten **motorizada,** (Motorrad-)Werkstatt. Deren Mechaniker wissen entweder zu helfen (mit Werkzeug, Kabeln, einigen Teilen) oder kennen sonst den nächstgelegenen Händler, der große Motorräder repariert (Händler und Motorradclubs sind im Land gut vertreten).

Wer die Details der Reparatur verstehen möchte, benötigt das passende Vokabular.

motor de arranque	Anlasser
escape	Auspuff
bateria	Batterie
(os) travões	Bremsen
sistema elétrico	elektrische Anlage
travão de mão	Handbremse
cabo	Kabel
correia (da ventoinha)	Keilriemen
embreagem	Kupplung
direção	Lenkung
luz	Licht
alternador	Lichtmaschine
bomba	Pumpe
(os) pneus	Reifen
câmara de ar	Schlauch
boia	Schwimmer
amortecedor	Stoßdämpfer
velas	Zündkerzen
ignição	Zündung
cilindro	Zylinder

motor	Motor
remendar	flicken (Schlauch)
ajustar	einstellen
reparar	reparieren
renovar	renovieren
soldar	schweißen, löten
fazer bem	wiedergutmachen, flicken

Auf dem Land und am Meer

alto mar	hohe See
corrente	Strömung
baixa mar	Ebbe
preia mar	Flut
onda	Welle
nadar	schwimmen
mergulhar	tauchen
pescar	fischen
velar	segeln
windsurf	Windsurfing
prancha	Surfbrett
vento	Wind
perigo	Gefahr
piscina	Schwimmbad
temperatura da água	Wassertemperatur
passear	wandern

Você aluga windsurf?
Sie (er-/sie-)vermietet Windsurf
Vermieten Sie Surfbretter?

Quanto custa cada hora?
wie-viel (es-)kostet jede Stunde
Wie viel kostet das pro Stunde?

Nadar aqui é perigoso?
schwimmen hier (es-)ist gefährlich
Ist es gefährlich, hier zu schwimmen?

Tem correntes?
(es-)hat Strömungen
Gibt es Strömungen?

Quanto tempo dura um passeio até aquele monte?
wie-viel Zeit (er-)dauert ein Spaziergang bis jener Berg
Wie lange dauert ein Spaziergang bis zu dem Berg dort?

Tem um caminho para lá?
(es-)hat ein Weg für dort
Gibt es einen Weg dorthin?

Tem água? Por favor, posso encher este bidão?
(er-/sie-)hat Wasser durch Gefallen (ich-)kann füllen dieser Behälter
Haben Sie Wasser? Kann ich diesen Behälter auffüllen?

In Portugal findet man in vielen Dörfern öffentliche Trinkbrunnen oder Wasserhähne.

Platanen und Rhododendren auf São Miguel (Azoren)

Toilette

Der Ausdruck **casa de banho** (Badezimmer) wird auch für das WC benutzt.

casa de banho / sanitária	Toilette
lavatório	Waschbecken
chuveiro	Dusche
homens	Herren
senhoras	Damen
adaptado / a deficientes	behindertengerecht
papel higiénico	Toilettenpapier
penso higiénico	Damenbinde
tampão	Tampon
preservativos	Kondome
sabonete	Seife

Onde posso lavar as mãos?
wo (ich-)kann waschen die Hände
Wo kann ich mir die Hände waschen?

Onde é a casa de banho?
wo (sie-)ist die Haus von Bad
Wo ist das Badezimmer?

Falta o papel higiénico.
(er-)fehlt der Papier hygienisch
Es fehlt Toilettenpapier.

Übernachten

Mit dem **Alojamento local** gibt es eine sehr attraktive Übernachtungsart. Diese lokalen Unterkünfte sind oft preisgünstiger als Hotels. Hauseigentümer mit leer stehenden Wohnungen begeisterten sich dafür und investierten darin. Das führte zu einer städtebaulichen Aufwertung und auch Belebung ländlicher Zonen. Gleichzeitig wurden auf diese Weise viele Häuser in Lissabon und Porto umgenutzt mit der Folge, dass günstiger Wohnraum rar wird.

Im Internet werden Sie ganz einfach fündig. Sie wählen einen Ort aus und suchen beispielsweise nach **alojamento local em Moncarapacho**. Buchen Sie über eine Buchungsplattform oder rufen Sie direkt an:

Bom dia, procuro um alojamento. Fala inglês?
Guten Tag, ich suche ein Zimmer. Sprechen Sie Englisch?

alojamento	Unterkunft
hotel	Hotel
pensão	Pension
albergue da juventude	Jugendherberge
apartamento	Wohnung
quarto	Zimmer
casa, vivenda	Haus
parque de campismo	Campingplatz

Procuro um quarto para duas pessoas.
(ich-)suche ein Zimmer für zwei Personen
Ich suche ein Zimmer für zwei Personen.

Temos.
(wir-)haben
Haben wir.

Não temos.
nicht (wir-)haben
Haben wir nicht.

Queremos com casa de banho.
(wir-)wollen mit Zimmer von Bad
Wir möchten eines mit Bad.

Ficamos.
(wir-)bleiben
Wir nehmen es / bleiben.

É possível tomar o pequeno almoço neste hotel?
(es-)ist möglich nehmen der kleine Mittagessen in-dieser Hotel
Können wir in diesem Hotel frühstücken?

um quarto	Zimmer
quarto individual / duplo	Einzel- / Doppelzimmer
com duas camas	mit zwei Betten
cama de casal	französisches Bett
passaporte	Pass
reservar	reservieren
receção	Rezeption, Anmeldung
chave	Schlüssel
bagagem	Gepäck
elevador, ascensor	Aufzug, Fahrstuhl
ar condicionado	Klimaanlage
varanda	Balkon
partir, sair	abfahren, abreisen
pagar	zahlen
pequeno-almoço	Frühstück

pensão completa	Vollpension
mais barato	billiger
mais tranquilo	ruhiger
tenda	Zelt
acampar	zelten
caravana, roulote	Wohnwagen

In kleinen Hotels lohnt es sich, vor dem Weggehen zu fragen, ob bzw. wann nachts geschlossen wird:

A que horas fecha a porta?
zu was Stunden (er-/sie-)schließt die Tür
Um welche Uhrzeit schließen Sie ab?

Tenho frio. Quero mais um cobertor.
(ich-)habe kalt (ich-)will mehr ein Decke
Mir ist kalt. Ich möchte eine zusätzliche Decke.

Vive no hotel?
(er-/sie-)lebt in-der Hotel
Wohnen Sie im Hotel?

Posso acampar aqui?
(ich-)kann zelten hier
Kann ich hier zelten?

Onde é o parque de campismo?
wo (er-)ist der Campingplatz
Wo ist der Campingplatz?

Essen und Trinken

In touristischen Zentren erhält man meist mehrsprachige Speisekarten. Anders ist es in den einfachen Restaurants, in denen sich mehrheitlich Einheimische verpflegen. Natürlich kann man sich auch selbst versorgen und beispielsweise ein **piquenique** machen.

Das Frühstück nehmen viele im Café ein. Wer früher zur Arbeit muss, nimmt sich etwas zu essen mit. Wer im Restaurant zu Mittag isst, profitiert von günstigen Menü-Preisen: Zwischen 8 und 12 Euro für ein Hauptgericht mit Getränk, inklusive Brot und Oliven, einer Nachspeise und einen Kaffee.

Freitags, samstags und sonntags genießen viele Portugiesinnen und Portugiesen eine oder mehre Mahlzeiten auswärts. Da darf es auch etwas Deftiges sein wie **cozido à portuguesa** (portugiesischer Eintopf). Darin enthalten sind verschiedene Fleisch- und Wurstsorten, Zwiebeln, Kohl und Karotten. Probieren Sie es selbst einmal aus. Im Internet finden Sie unter **receita cozido português** eine breite Auswahl an Rezepten.

Essen

Hier einige Vokabeln, damit Sie sich auf der Speisekarte oder im Supermarkt zurechtfinden.

as refeições	die Mahlzeiten
o pequeno almoço	das Frühstück
o almoço	das Mittagessen
o jantar	das Abendessen
os prato principal	das Hauptgericht
as entrada	die Vorspeise
a sopa	die Suppe

a sobremesa	der Nachtisch
carne	Fleisch
peixe	Fisch
mariscos	Meeresfrüchte
refeicão vegetariana	vegetarische Mahlzeit
refeicão vegana	vegane Mahlzeit
legumes	Gemüse
suplementos	Beilagen
fruta	Obst

Zum Frühstück

pão	Brot
margarina	Margarine
manteiga	Butter
marmelada	Quittenkonfitüre
doce	Konfitüre
galão	Milchkaffee (im Glas)
bica	kleiner schwarzer Kaffee
chá	Tee
leite	Milch
tosta mista	gemischter Toast
iogurte	Joghurt

Suppe

sopa de legumes	Gemüsesuppe
canja de galinha	Hühnersuppe
caldo verde	Suppe mit Kohl
sopa de mariscos	Suppe mit Meeresfrüchten
sopa de peixe	Fischsuppe
gaspacho	kalte Suppe

Fisch und Meeresfrüchte

amêijoas	Venusmuscheln
conquilhas	Keilmuschel
lingueirão	Messermuschel
camarões	Garnelen
gambas	Scampi
lagostinho	(kleine) Languste
caranguejo	Krebs
atum	Thunfisch
bacalhau	Kabeljau
cavala	Makrele
linguado	Seezunge
sardinhas	Sardinen
choco	Tintenfisch (Sepia)
lula	Kalmar
... com tinta	... mit Tinte
... sem tinta	... ohne Tinte
ovos de peixe	Fischeier, Rogen
caldeirada de peixe	Fischeintopf
peixes cozidos	Fische gekocht (Eintopf)
lulas recheadas	Tintenfische gefüllt

Fleisch

vitela	Kalb
boi	Ochse
vaca	Kuh
porco	Schwein
leitão	Spanferkel
borrego	Lamm
carneiro	Hammel

cabrito – cabra	Zicklein – Ziege
bife	Steak
costeleta	Kotelett
febra	Schweineschnitzel
fígado	Leber
salsicha	Würstchen
chouriço	Hartwurst (mit Paprika)
coelho	Kaninchen
frango	Hähnchen, Huhn
pato	Ente
ganso	Gans
peru	Truthahn
pombo	Taube
codorniz	Wachtel
cozido à portuguesa	Kochfleisch nach portugiesischer Art
feijoada	Bohnentopf mit Fleisch

Beilagen

massa	Teigwaren, Nudeln
esparguetes	Spaghetti
arroz	Reis
grão de bico	Kichererbse
favas	Saubohnen
batatas cozidas	gekochte Kartoffeln
batatas fritas	Pommes Frites

Gemüse

verduras	Blattgemüse
salada (mista)	(gemischter) Salat
alface	Kopfsalat
couve-flor	Blumenkohl
brócolos	Brokkoli
ervilhas	Erbsen
pepino	Gurke
cenoura	Karotte, Möhre
batatas	Kartoffeln
alho	Knoblauch
couve	Kohl
abóbora	Kürbis
pimento	Paprika
espargo	Spargel
espinafre	Spinat
tomate	Tomate
curgete	Zucchini
cebola	Zwiebel

Obst

maçã	Apfel
banana	Banane
pêra	Birne
morango	Erdbeere
cereja	Kirsche
melão	Melone
laranja	Orange
pêssego	Pfirsich
melancia	Wassermelone

Nachspeisen

bolo de ...	...-Kuchen
torta de ...	...-Torte
gelado de ...	...-Eis
molotof	Süßspeise aus Eiweiß
creme de leite	Milchcreme
mousse de chocolate	Schokoladencreme
baba de camelo	„Kamel-Sabber" (ein beliebtes Karamell-Dessert)

Zubereitung

panado	paniert
no forno	im Ofen gebacken
frito	frittiert
grelhado	gegrillt
assado	gebraten
mal / bem passado	kurz / durchgebraten
cozido	gekocht
estufado	gedämpft

Getränke

água com / sem gás	Wasser mit / ohne Kohlensäure
limão	Zitrone
natural	Zimmertemperatur
fresco	kühl
morno	lauwarm
quente	heiß
ao bar	an der Bar

Saúde!	Zum Wohl!, Prost! (wörtl. „Gesundheit")
vinho ...	... Wein
... verde	„grüner" (= junger) ...
... branco	weißer ...
... tinto	roter ...
um quarto	ein Viertel
meio litro	ein halber Liter
cerveja	Bier
uma caneca de cerveja	großes Bier vom Fass
imperial	kleines Bier vom Fass
sumo	Fruchtsaft
aguardente	Schnaps
bagaceira	Traubenschnaps
figo	Feigenschnaps
medronho	Schnaps vom Erdbeerbaum
vinho de porto	Portwein

Im Restaurant

mesa	Tisch
cadeira	Stuhl
carta, ementa, menu	(Speise-)Karte
garfo	Gabel
faca	Messer
colher	Löffel
prato	Teller
copo	Glas
guardanapo	Serviette
palito	Zahnstocher

sal	Salz
azeite	Olivenöl
vinagre	Essig
azeitonas	Oliven

O que quer tomar / comer?
das was (er-/sie-)will nehmen / essen
Was möchten Sie trinken / essen?

Quero …
Ich möchte …

Vocês também têm comida vegetariana?
Sie auch (sie-)haben Essen vegetarisch
Haben Sie auch vegetarisches Essen?

Bom apetite! / Bom proveito!
Guten Appetit!

Bom proveito! wird im Prinzip zwar eher zum Ende einer Mahlzeit gesagt, tatsächlich aber wird der Unterschied nicht so streng gehandhabt.

In Portugal wechselt man sich beim Zahlen ab, wenn man zusammen etwas essen oder trinken geht. Speziell in Cafés und Bars ist es nicht üblich, dass jeder Kleingeld hervorkramt und seinen Kaffee bezahlt oder gar jeder einen Schein dafür verwendet.

In der Bar können Sie die Einzelpreise erfragen. Oft ist eine Karte mit den wichtigsten Preisen der gängigen Getränke und Zwischenmahlzeiten aufgehängt.

Sollten Sie einmal den Eindruck haben, dass etwas nicht stimmt, können Sie eine Rechnung mit Posten verlangen. Dabei sollten Sie natürlich freundlich bleiben. Und zum Schluss darf auch das Trinkgeld (**gorjeta**) nicht fehlen. Die Höhe ist Ermessenssache. Grundsätzlich gibt es jedoch keine Trinkgeldpflicht mehr.

In Cafés und Bars ist es nicht üblich, Trinkgeld zu geben. Im Restaurant bedeutet Trinkgeld eine Wertschätzung für guten Service und feine Mahlzeiten. Bleiben Sie aber maßvoll.

Por favor, quero pagar.
durch Gefallen (ich-)will zahlen
Ich möchte bezahlen, bitte.

Tudo junto?
Alles zusammen?

Sim, tudo junto.
Ja, alles zusammen.

Quero uma fatura detalhada.
(ich-)will eine Rechnung detaillierte
Ich möchte eine genaue Rechnung.

Penso que tudo custa só ... euros.
(ich-)denke dass alles (es-)kostet nur ... Euro
Ich denke, dass alles nur ... Euro kostet.

Quanto custa cada galão?
wie-viel (er-)kostet jeder Milchkaffee
Wie viel kostet jeder Milchkaffee?

Einkaufen

Portugiesinnen und Portugiesen sind meistens treue Kunden. Wenn man länger am gleichen Ort einkauft und dann zur Konkurrenz wechselt, heißt das für den Händler, dass man nicht zufrieden war. Das gilt für Marktstände, Lebensmittelgeschäfte, Bars und andere kleinere Geschäfte, in denen man sich täglich aufhält.

Die Preise sind immer fest – in Tourismuszentren sind sie oft etwas höher. Nur gut bekannte Kunden schaffen es, Rabatt zu bekommen.

É mais barato se comprar uma dúzia?
(es-)ist mehr billig wenn kaufen eine Dutzend
Wird es billiger, wenn ich ein Dutzend kaufe?

Digame o preço mais baixo se eu comprar três peças.
(er-/sie-)sage mir der Preis mehr niedrig wenn ich kaufen drei Stücke
Sagen Sie mir den niedrigsten Preis für drei Stück!

Geschäfte

Ein großes Einkaufszentrum mit verschiedenen Geschäften heißt **centro comercial**, ein großer Hauptanbieter in einem Einkaufszentrum heißt **grande superfície**.

loja	Geschäft
mercado	Markt(platz)
feira	Markt
supermercado, hipermercado	Supermarkt
drogaria	Drogerie, Haushaltswaren und Werkzeug
farmácia	Apotheke
padaria – padeiro	Bäckerei – Bäcker
livraria	Buchhandlung

pastelaria, confeitaria	Konditorei
talho	Metzgerei
oculista	Optiker
casa de artigos de desporto	Sportgeschäft
(grande) armazém	Warenhaus
quiosque	Kiosk
aberto	offen
encerrado, fechado	geschlossen

A que horas abre / fecha a loja?
zu was Stunden (sie-)öffnet / schließt die Geschäft
Wann öffnet / schließt das Geschäft?

Verkaufsgespräch

Bom dia.
guter Tag
Guten Tag.

Quero um quilo de maçãs.
(ich-)will ein Kilo von Äpfeln
Ich möchte ein Kilo Äpfel.

Ah, sabe falar bem português.
ah (er-/sie-)weiß sprechen gut Portugiesisch
Oh, Sie sprechen gut Portugiesisch!

Tem um saco?
(er-/sie-)hat ein Sack
Haben Sie eine Einkaufstasche?

Sim tenho, pode pôr neste saco.
ja (ich-)habe (er-/sie-)kann legen in-dieser Sack
Ja, habe ich, Sie können es in diese Tasche legen.

Quer mais alguma coisa?
(er-/sie-)will mehr irgendeine Sache
Möchten Sie sonst noch etwas?

Quero meio quilo de cenouras.
(ich-)will halber Kilo von Karotten
Ich möchte ein halbes Kilo Karotten.

Que mais?
was mehr
Was noch?

Mais nada.
mehr nichts
Sonst nichts mehr.

saldos	Ausverkauf
promoção	Sonderangebot
caixa	Schachtel
saco	Einkaufstüte, Sack
esgotado	ausverkauft
encomendar	bestellen
gastar	ausgeben (Geld)
ajudar	helfen

mostrar	zeigen
pequeno	klein
menor	kleiner
grande	groß
maior	größer
menos	weniger
mais	mehr
outra cor	andere Farbe

Materialien

madeira	Holz
argila	Ton
pedra	Stein
barro	Lehm, Töpfererde
cerâmica	Keramik
cobre	Kupfer
ouro	Gold
prata	Silber
metal	Metall
cabedal	(feines) Leder
lã	Wolle
algodão	Baumwolle
seda	Seide

In den kleinen Geschäften mangelt es oft an Kleingeld. Daher fragen die Verkäufer und Kellner um so viele Münzen nach, dass sie Geldscheine herausgeben können.

Não tem dois euros?
nicht (er-/sie-)hat zwei Euro
Haben Sie nicht zwei Euro?

Tenho. Aqui está.
(ich-)habe hier (es-)ist
Habe ich. Hier bitte!

Com trez faz cinco.
mit drei (es-)macht fünf
Und mit drei macht es fünf.

Boa viagem. Adeus.
gute Reise ade
Gute Reise. Ade.

Behörden und Polizei

Die Notrufnummer (**número nacional de socorro**) ist 112 (gebührenfreier Anruf). **GNR** bedeutet **Guarda Nacional Republicana** und ist die paramilitärische Staatspolizei (Gendarmerie). Sie kommt überall dort zum Einsatz, wo es keine städtische Polizei gibt. Diese heißt **Policia de Segurança Pública** und wird **PSP** abgekürzt.

Wenn man bestohlen worden ist und den Schaden bei einer Versicherung melden muss, etwas oder jemand vermisst wird oder ein anderer Notfall vorliegt, führt der Weg nicht an der Polizei vorbei.

Am besten finden Sie jemanden, der Ihre Sprache spricht und sich hilfsbereit zeigt. Mit diesen Begriffen und Formulierungen können Sie Ihre Situation beschreiben und um Hilfe bitten:

Onde fica / é a policia?
Wo befindet sich / ist die Polizeiwache?

Alguém me roubou ...
jemand mir (er-/sie-)raubte ...
Jemand hat mir ... gestohlen.

Perdi ...
(ich-)verloren ...
Ich habe ... verloren.

o meu carro	mein Auto
a minha chave do carro	meine Autoschlüssel
a minha carteira	meine Geldbörse
a minha bagagem	mein Gepäck
o meu saco	meine Tasche
o meu telemóvel	mein Handy
os meus documentos	meine Papiere
o meu relógio	meine Uhr
a minha câmara	meine Kamera

Quero fazer queixa.
(ich-)will machen Anzeige
Ich möchte Anzeige erstatten.

Preciso de uma cópia da queixa para a companhia de seguros.
(ich-)brauche von eine Kopie von-die Anzeige für die Gesellschaft von Versicherungen
Ich brauche eine Kopie der Anzeige für meine Versicherung.

Posso telefonar para a embaixada?
(ich-)kann telefonieren für die Botschaft
Kann ich die Botschaft anrufen?

Sabe quem foi a pessoa?
(er-/sie-)weiß wer (sie-)war die Person
Wissen Sie, wer die Person war?

Não faço ideia.
nicht (ich-)mache Idee
Ich habe keine Ahnung.

Estava a observar ...

(ich-)habe beobachten ...

Ich habe ... beobachtet.

uma coisa suspeita	etwas Verdächtiges
um acidente	einen Unfall
um crime	ein Verbrechen
um roubo	einen Diebstahl
um assalto	einen Einbruch, Überfall

O meu amigo teve um acidente.

der mein Freund (er-)hatte ein Unfall

Mein Freund hatte einen Unfall.

Estava a passear e o ladrão tiroume a bolsa.

(ich-)war zu spazieren und der Dieb (er-)entrissmir die Tasche

Ich ging spazieren, und der Dieb hat mir die Tasche weggerissen.

Voltei para o carro e faltavam as minhas coisas.

(ich-)umkehrte für der Auto und (sie-)fehlten die meine Sachen

Ich bin zum Auto zurückgegangen, und meine Sachen waren weg.

Post, Bank, Kommunikation

Auf der Post, kurz **CTT**, hat man früher nicht nur Briefe verschickt, sondern auch telefoniert. Das ist heute weniger relevant, aber die Abkürzung steht weiterhin für **Correios, Telégrafos e Telefones**.

CTT	Post
selos postais	Briefmarken
carta	Brief
encomenda	Paket
postal	Postkarte
marco dos correios	Briefkasten
alfândega	Zoll
expresso	Express
registado	eingeschrieben
por avião	per Luftpost
devolução	Rücksendung

Onde há uma estação dos correios?
wo (es-)hat eine Station von-die Post
Wo gibt es ein Postamt?

A que horas abre / fecha o correio?
zu was Stunden (er-)öffnet / (er-)schließt der Post
Um welche Uhrzeit öffnet / schließt die Post?

Quero mandar uma encomenda para Alemanha.
(ich-)will schicken eine Paket für Deutschland
Ich möchte ein Paket nach Deutschland schicken.

Tem caixas para encomendas?
(er-/sie-)hat Schachteln für Pakete
Haben Sie Schachteln für Pakete?

Esta carta vai de correio azul / vai registada.
diese Brief (sie-)geht von Post blau / (sie-)geht eingeschriebene
Diesen Brief bitte per Express (mit Priority) / eingeschrieben.

Bank und Geld

Geldautomaten heißen auf Portugiesisch **multibanco** (eigentlich eine Handelsmarke, wird aber generisch gebraucht), **caixa automática** oder **ATM** und sind weit verbreitet.

Nicht überall wird „Plastikgeld" akzeptiert. Meistens hängt ein Hinweis im Schaufenster: **Não há multibanco** (Kein Geldautomat). Beim Leihen eines Mietwagens ist es erforderlich, mit Debit- oder Kreditkarte die Kaution zu garantieren. Halten Sie immer Bargeld bereit. In ländlichen Gegenden und kleinen Restaurants, Bars oder Lebensmittelläden, auch in der Stadt, garantiert Ihnen Bargeld Ihre Bedarfsdeckung. Viele, vor allem jüngere Leute zahlen auch mit einer App.

Haben Sie vor, fischen zu gehen? Sie benötigen eine Lizenz, die Sie an jedem **multibanco** erwerben können.

banco	Bank
dinheiro	Geld
moeda	Währung
euro	Euro
cêntimo	Cent
franco suíço	Schweizer Franken
dinheiro vivo	Bargeld
nota	Geldschein
moedas	Münzen
troco	Wechselgeld
cartão de crédito	Kreditkarte
transação	Überweisung
cambiar	wechseln
levantar	abheben
depositar	einzahlen

Onde há um banco / um multibanco?
wo (es-)hat ein Bank / ein Geldautomat
Wo gibt es eine Bank / einen Geldautomaten?

Quero cambiar.
(ich-)will wechseln
Ich möchte Geld umtauschen.

Quantos euros dão cem francos suiços?
wie-viele Euro (sie-)geben 100 Schweizer Franken
Wie viel Euro bekomme ich für hundert Schweizer Franken?

Alle Buchstaben der Währungsbezeichnung **euro** werden einzeln ausgesprochen. Das **e** und das **u** werden demnach nicht wie im Deutschen zu oi oder einem anderen derartigen Doppelvokal (also nicht wie in „Eule"), sondern bleiben getrennte Einzelvokale wie in „b*eu*nruhigen".

Kommunikation

telefone	Telefon
telemóvel	Handy
ligar	anrufen, verbinden
telefonar	telefonieren
carregador	Ladegerät
cabo USB	USB-Kabel
ligação à Internet	Internetverbindung
rede	Netz
computador	Computer
laptop	Laptop
tablet	Tablet

wifi	WLAN
senha	Passwort
correio eletrónico	E-Mail
arroba	@-Zeichen
sítio, site	Website
mídias sociais	Soziale Medien
aplicação	App

Qual é a senha para aceder à Internet?
welche (sie-)ist die Passwort für zugreifen zu-die Internet
Was ist das Passwort für den Internetzugang?

Não consigo entrar na Internet.
Solicito a sua ajuda, faz favor.
nicht (ich-)schaffe eintreten in-die Internet
(ich-)erbitte die seine/ihre Hilfe (er-/sie-)tut Gefallen
Ich komme nicht ins Internet.
Ich bitte Sie um Ihre Hilfe.

Qual é o endereço do seu e-mail?
welcher (er-)ist der Adresse von-der sein/ihr E-Mail
Wie lautet Ihre E-Mail-Adresse?

Krank sein

Bei einem Unfall oder einer plötzlichen Krankheit rufen Sie 112 an. Der Anruf ist kostenlos und der Notruf ist von überall im Land zu jeder Tageszeit erreichbar. Sie können davon ausgehen, dass Sie in englischer Sprache verstanden werden.

Sind Sie in einer Unterkunft? Bitten Sie Ihren Ansprechpartner*in im Hotel für Sie anzurufen!

112 ist die europäische Notrufnummer und wird neben medizinischen Notfällen auch für andere Situationen wie Brände oder Überfälle verwendet. Anrufe an 112 werden von der Polizei (**PSP – Polícia de Segurança Pública**) und der **Guarda Nacional Republicana** (Nationalgarde) in den Notrufzentralen beantwortet. 112 leitet gesundheitsbezogene Anrufe an das **Instituto Nacional de Emergência Médica** (kurz **INEM**) weiter.

In Portugal ist die Europäische Krankenversicherungskarte (EHIC) gültig. Die Kosten werden von Ihrer Versicherung getragen. Fragen Sie deswegen aber nach einer detaillierten Rechnung!

Wenn Sie oder Mitreisende krank sind und eine Ärztin oder einen Arzt besuchen möchten, empfehle ich, eine Privatklinik (**clinica privada**) aufzusuchen. Sie benötigen keine Voranmeldung, das Personal ist mehrsprachig und direkt an das staatliche Gesundheitssystem angebunden. Rechnen Sie mit 80 € für die Untersuchung. Im Krankenhaus (**hospital**) oder Gesundheitszentrum (**centro de saúde**) müssen Sie mit langen Warteschlangen rechnen. Auch Portugiesen nutzen diese Privatkliniken, um endlose Wartezeiten zu vermeiden.

Dói-me a barriga.
(sie-)schmerzt-mich die Bauch
Der Bauch tut mir weh.

Posso deitarme?
(ich-)kann hinlegen-mich
Kann ich mich hinlegen?

Preciso de ajuda.
(ich-)brauche von Hilfe
Ich brauche Hilfe.

Sabe onde há um médico?
(er-/sie-)weiß wo (es-)hat ein Arzt
Wissen Sie, wo es einen Arzt gibt?

Pode chamar um médico / uma ambulância?
(er-/sie-)kann rufen ein Arzt / eine Ambulanz
Können Sie einen Arzt / Krankenwagen rufen?

Pode acompanharme ao hospital?
(er-/sie-)kann begleitenmich zu-der Hospital
Können Sie mich zum Krankenhaus begleiten?

Há um médico que fale alemão?
(es-)hat ein Arzt der (er-)spreche Deutsch
Gibt es einen Arzt, der Deutsch spricht?

Arranjeme uma fatura, especificando a doença, para eu mandar para o meu seguro na Alemanha.
(er-/sie-)beschaffemir eine Rechnung spezifizierend die Krankheit für ich senden für der meine Versicherung in-die Deutschland
Bitte geben Sie mir eine detaillierte Rechnung für meine Versicherung in Deutschland.

Der Körper

Onde dói?
wo (es-)schmerzt
Wo tut es weh?

Dói me aqui.
(es-)schmerzt-mich hier
Hier tut es mir weh.

Dói-me ...
(es-)schmerzt-mich ...
... tut mir weh.

o corpo	der Körper
braço	Arm
olho	Auge
perna	Bein
apêndice	Blinddarm
tórax	Brustkorb
intestinos	Darm
cotovelo	Ellenbogen
calcanhar	Ferse
dedo	Finger
pé	Fuß
vesícula biliar	Gallenblase
articulação	Gelenk
rosto	Gesicht
cabelo	Haare
pescoço	Hals
mão	Hand
pulso	Handgelenk

bexiga	Harnblase
pele	Haut
coração	Herz
anca	Hüfte
maxilar	Kiefer
queixo	Kinn
joelho	Knie
rótula	Kniescheibe
osso	Knochen
cabeça	Kopf
fígado	Leber
lábio	Lippe
pulmão	Lunge
estômago	Magen
amígdalas	Mandeln
boca	Mund
músculo	Muskel
nariz	Nase
orelha	Ohr
garganta	Rachen
costela	Rippe
ombro	Schulter
tendão	Sehne
coluna vertebral	Wirbelsäule
língua	Zunge

Como vai?
wie (er-/sie-)geht
Wie geht es Ihnen?

Não me sinto bem.
nicht mich (ich-)fühlen gut
Ich fühle mich nicht gut.

Tenho tonturas.
(ich-)habe Schwindel
Mir ist schwindelig.

Vomitei.
(ich-)erbrach
Ich habe mich übergeben.

Beschwerden

a doença	die Krankheit
doente	krank
pegar-se	sich anstecken
infetar-se	sich infizieren
restabelecer-se	(wieder) gesund werden
acidente	Unfall
sentir-se mal	sich schlecht fühlen
grave	schlimm
a dor	der Schmerz
partido	gebrochen
torcido	verstaucht
rasgado	gerissen
distensão	Zerrung
constipação	Erkältung
tosse	Husten
constipação	Schnupfen
febre	Fieber
náusea	Übelkeit
diarreia	Durchfall
cãibras	Krämpfe
picada de inseto	Insektenstich

inchaço	Schwellung
infetado	entzündet
ferida	Verletzung
corte	Schnitt
grávida	schwanger
insolação	Sonnenstich
queimadura do sol	Sonnenbrand
diabético/-a	Diabetiker/in

Untersuchung und Behandlung

Verlassen Sie sich darauf, dass das medizinische Personal hier Englisch spricht. Hand aufs Herz, wenn man leidet und krank ist, reduziert dies unser Sprachvermögen, auch in vertrauten Sprachen.

examinar	untersuchen
amostra	Probe
... de sangue	Blut-...
... de urina	Urin-...
radiografia	Röntgenaufnahme
tratamento	Behandlung
tomar medicamentos	Medikamente einnehmen
dar uma injeção	eine Spritze geben
apanhar uma vacina	sich impfen lassen
máscara	Maske
anestesia	Betäubung
operação	Operation
gesso	Gips
externo	äußerlich
interno	innerlich

Medikamente

Möchten Sie am Sonntag eine Apotheke besuchen? An jeder geschlossenen Apotheke ist angegeben, wo die nächste Apotheke mit Sonntagsdienst ist.

receitar	verschreiben
tomar	einnehmen
engolir	schlucken
injetar	spritzen
mastigar	kauen
chupar	lutschen
... um medicamento	ein Medikament
dose	Dosis, Menge
comprimidos	Tabletten
pastilhas	Pastillen
xarope (da tosse)	(Husten)saft
pomada	Salbe
supositórios	Zäpfchen
antes ...	vor ...
depois ...	nach ...
... da refeição	... dem Essen
de manhã	morgens
à noite	abends
três vezes ao dia	dreimal am Tag
colher	Löffel
com um copo de água	mit einem Glas Wasser

Beim Zahnarzt

Zahnkliniken sind immer privat. Die Dichte ist sehr hoch und die Zahnärztinnen und Zahnärzte sind sehr gut ausgebildet, arbeiten mit der aktuellen Spitzentechnik und alle sprechen Englisch.

Este dente dói me.
dieser Zahn (ich-)wehtun mir
Dieser Zahn tut mir weh.

os dentes	die Zähne
dentista	Zahnarzt / Zahnärztin
dor de dentes	Zahnschmerzen
cárie	Karies
temporariamente	zeitweilig
provisório	vorläufig
definitivo	endgültig
não tirar / arrancar	nicht ziehen
tratamento	Behandlung
... com anestesia	mit Betäubung
chumbar	plombieren
obturação	Füllung
... de ouro	Gold-...
... de porcelana	Keramik-...

Beim Optiker

oculista	Optiker/in
óculos	Brille
lentes	Gläser

lentes de contato	Kontaktlinsen
fumadas	getönt
alcance da vista	Sehschärfe
corrigido	korrigiert
corrigir	korrigieren

Schimpfen und Fluchen

Portugiesen sind selten nachtragend. Beschimpfungen kommen vor, sind aber nie so bissig wie z. B. in Deutschland oder in der Schweiz.

Chatice!	Scheiße!, Mist!
Porco!	Schwein!
Desgraçado!	Unglücklicher!
Malandro!	Strolch!, Gauner!

Wenn jemand hinter Ihnen **chatice** sagt, fragen Sie **O que é?** (Was ist?) oder:

Por que estás zangado / aborrecido?
wegen was (du-)bist streitsüchtig / verärgert
Warum bist du so streitsüchtig / wütend?

Brasilianisches Portugiesisch

Das portugiesische Fernsehen strahlt regelmäßig brasilianische Serien aus. Die meisten Wörter decken sich, aber die Aussprache des brasilianischen Portugiesisch ist viel weicher. Die unbetonten Vokale werden klarer ausgesprochen, sind also nicht so abgeschwächt. Im Folgenden die wichtigsten Unterschiede.

Aussprache

-e (unbetont) wird zu **-i** (voll ausgesprochen):		
Beispiel	Portugal	Brasilien
ele (er)	*eele*	*eeli*

-te wird zu **-tschi**:		
Beispiel	Portugal	Brasilien
contente (zufrieden)	*kõntẽnteq*	*kõũtẽĩtschi*

-de wird zu **-dshi**:		
Beispiel	Portugal	Brasilien
Boa tarde! (Guten Tag!)	*boa tarde*	*boa tardshi*

Anrede und Verbformen

In Brasilien ersetzt **você** die „du"-Form. **Você** gilt demnach für „du" und „Sie". Die „ihr"-Form ist völlig verschwunden und durch **vocês** ersetzt. Entsprechend vereinfacht sich die Konjugation der Verben, z. B.:

comer (essen)	
eu como	ich esse
você come,	du isst, Sie (Sg) essen,
ele / ela come	er / sie isst
nós comemos	wir essen
vocês comem,	ihr esst / Sie (Pl) essen,
eles / elas comem	sie essen

AZ

Wörterbuch

Wörterbuch

Die Wörterlisten enthalten einen Grundwortschatz von ca. 1000 Wörtern. Vokabular, das man leicht in den einzelnen Kapiteln nachschlagen kann (z. B. in Tabellen), ist hier nicht immer aufgeführt. Nach Nomen, die nicht auf **-o**, **-a** oder **-ão** (weiblich) enden, ist das grammatische Geschlecht mitangegeben.

Folgende Abkürzungen werden verwendet:	
m	männlich
w	weiblich
Sg	Singular (Einzahl)
Pl	Plural (Mehrzahl)

Deutsch – Portugiesisch

A

abbiegen virar
Abend tarde (w)
Abendessen jantar (m)
abends de noite
aber mas, porém
abhängen depender
ablehnen recusar
Abreise partida
abreisen partir (para)
abschleppen rebocar
Absender/-in remetente (m/w)
Achtung atenção
Adresse endereço
ähnlich semelhante
alle todos
allein sozinho
alles tudo
allgemein geral
als (Vergl.) que
als (zeitl.) quando
also então
alt velho
Alter idade (w)
Ameise formiga
Ampel semáforo
Amt repartição
anbieten oferecer
Andenken lembrança
anderer outro
ändern mudar
Anfang início
anfangen começar
Angebot oferta
angenehm agradável
Angestellte/-r empregada/-o
Angst medo
anhalten parar
ankommen chegar
Ankunft chegada

annehmen aceitar
anprobieren provar
Anruf chamada
anrufen telefonar
anschalten ligar
anschauen olhar
Anschluss ligação
Ansichtskarte postal (m)
anstatt em vez de
anstecken, sich pegar-se
anstrengend fatigante
Antwort resposta
antworten responder
Anwalt/-in advogado/-a
Anzeige denúncia
anziehen (Kleidung) vestir;
anziehen (Schuhe) calçar
anzünden acender
Apfel maçã (w)
Apotheke farmácia
App aplicação
Arbeit trabalho
arbeiten trabalhar
Arbeiter/-in trabalhador (m), trabalhadora (w)
arbeitslos desempregado
arm pobre
Arm braço
Ärmel manga
Art (Sorte) género;
Art (Weise) maneira
Arznei remédio
Arzt/Ärztin médico/-a
Asche cinza
atmen respirar
auch também
aufhören deixar de
aufstehen levantar-se
Aufzug elevador
Auge olho
Ausflug excursão
ausfüllen preencher
Ausgang saída
ausgeben gastar
Auskunft informação
Ausland; Ausländer/-in estrangeiro/-a
ausschalten desligar, apagar
außen fora
äußerlich exterior
Aussicht vista
Aussprache pronúncia
aussteigen apear-se
Ausstellung exposição
Auswahl escolha
ausziehen (Kleidung) despir, tirar
Auto carro
Autobahn autoestrada

B

Baby bebé (m)
Bach ribeiro
backen cozer
Bad banho
Badeanzug fato de banho
Badehose calção de banho (m)
baden tomar banho
Bahnhof estação
bald em breve
Ball bola
Bank banco
bar em dinheiro
Bart barba
Batterie pilha
Bauch barriga
bauen construir
Bauer/Bäuerin agricultor (m), agricultora (w)

Bauernhof quinta
Baum árvore (w)
Baumwolle algodão (m)
Beamte/-r funcionária/-o
bedecken cobrir
bedeuten significar
Bedienung serviço
beenden terminar
befinden, sich encontrar-se, ficar
befördern transportar
begegnen encontrar
beginnen começar
begleiten acompanhar
behalten guardar
behindertengerecht adaptado a deficientes
beide ambos
Bein perna
Beispiel exemplo
beißen morder
Bekannte/-r conhecida/-o
bekommen receber
bemerken notar
benachrichtigen avisar
benehmen, sich (com)portar-se
benutzen usar, utilizar
Benzin gasolina
bequem cómodo
Berg monte (m)
Beruf profissão
berühren tocar em
beschäftigen, sich ocupar-se com
beschreiben descrever
beschweren, sich queixar-se
Besen vassoura
besetzt ocupado
besichtigen visitar
Besitzer/-in possuidor (m), possuidora (w)
besonderer especial
bestätigen confirmar
bestellen (Ware) encomendar;
bestellen (Restaurant) pedir
Bestellung pedido, encomenda
Besuch visita
besuchen visitar
betreten entrar em
Betrieb empresa
betrunken bêbedo
Bett cama
bewegen mover, mexer
beweisen provar
bewölkt nublado
Biene abelha
Bier cerveja
Bikini biquíni (m)
Bild (Gemälde) quadro
billig barato
Birne (Frucht) pêra;
Birne (Glüh-) lâmpada
bisschen um pouco
Bitte pedido
bitten pedir
bitter amargo
Blatt folha
blau azul
bleiben ficar
Bleistift lápis (m)
blind cego
Blitz relâmpago
Blume flor (w)
Blumenkohl couve-flor *(w)*
Blut sangue (m)
Boden chão (m)
Bohne feijão (m)
Boot barco
böse mau
Botschaft embaixada
Brand incêndio
brauchen precisar (de)

braun castanho
brechen partir
breit largo
brennen arder, queimar
Brett prancha
Brief carta
Briefmarke selo
Briefumschlag envelope (m)
Brille óculos (Pl)
bringen trazer;
Brot pão (m)
Brokkoli brócolos
Brücke ponte (w)
Bruder irmão (m)
Brunnen poço, fonte (w)
Brust peito;
Brust (Busen) seio
Buch livro
buchen (Sitz) marcar
Buchstabe letra
buchstabieren soletrar
Bucht baía
bügeln engomar
Burg castelo
Bürger/-in cidadão (m), cidadã (w)
Bürgersteig passeio
Büro escritório
Bürste escova
Bus autocarro
Busch arbusto
Büstenhalter soutiã (m)
Butter manteiga

C

Camping campismo
Chef/-in chefe (m/w)
Computer computador (m)

D

Dach telhado
daheim em casa
damals naquele tempo
Dame senhora
Damenbinde penso higiénico
Dampf vapor (m)
danach depois
danken agradecer
dann então
Darm intestino
dass que
dasselbe o mesmo
Datum data
dauern durar
dauernd permanente
Decke (Bett-) cobertor (m);
Decke (Tisch-) toalha de mesa;
Decke (Woll-) manta;
Decke (Zimmer-) teto
denken pensar
Denkmal monumento
denn pois
deshalb por isso
Diät dieta
dick gordo
Dieb/-in ladrão (m), ladra (w)
Diebstahl roubo
Diesel gasóleo
Ding coisa
Dolmetscher/-in intérprete (m/w)
Dorf aldeia
dort(hin) (para) lá
Dose lata
Dosenöffner abre-latas (m)
draußen fora
drehen virar, girar
dringend urgente

drinnen dentro
drucken imprimir
drücken empurrar
dumm estúpido
dunkel escuro
dünn fino, delgado;
dünn (Mensch) magro
Durchfall diarreia
Durchgang passagem (w)
dürfen poder
Durst sede (w)
Dusche chuveiro
Dutzend dúzia

E

Ebene planície (w)
echt genuíno
Ecke canto
Ehe matrimónio
Ehefrau esposa, mulher (w)
Ehemann marido
Ehepaar casal (m)
ehrlich honesto
Ei ovo
eigener próprio
Eigentümer/-in proprietário/-a
eilig apressado;
es eilig haben ter pressa
Eimer balde (m)
einfach fácil
Einfahrt, -gang entrada
eingießen deitar (em)
einheimisch nativo
einige alguns
einkaufen fazer compras
einladen convidar
einschlafen adormecer
einsteigen subir
Eintritt entrada
Eintrittskarte bilhete (m)
einverstanden de acordo
einwickeln embrulhar
Einwohner/-in habitante (m/w)
einzig único
Eis gelo;
Eis (Speise-) gelado
Eisen ferro
Eisenbahn caminho-de-ferro
Eltern pais (m), (Pl)
Empfang receção
Empfänger/-in destinatário/-a
empfehlen recomendar
Ende fim (m)
enden acabar
endlich por fim
eng estreito
Enkel/-in neto/-a
Ente pato
Entfernung distância
entscheiden decidir
entschuldigen desculpar
Erbse ervilha
Erdbeere morango
Erde terra
Erdgeschoss rés-do-chão (m)
Erfahrung experiência
Erfolg sucesso
Erfrischung refresco
ergreifen agarrar
Erholung descanso
erinnern, sich lembrar-se
Erkältung constipação
erklären explicar
erlauben permitir
Ermäßigung redução
ernst sério
Ernte colheita
erwachsen adulto

erzählen contar
Erzeugnis produto
Esel burro
essen comer
Essen comida
Essig vinagre (m)
Etage andar (m)
etwas alguma coisa

F

Fabrik fábrica
Faden fio
Fahne bandeira
fahren ir;
fahren (lenken) conduzir
Fahrer/-in motorista (m/w)
Fahrgast passageiro/-a
Fahrkarte bilhete (m)
Fahrrad bicicleta
Fahrstuhl ascensor
Fahrzeug veículo
fallen cair
falsch falso
Familie família
fangen apanhar
Farbe cor (w)
Fass barril (m)
fast quase
faul (träge) preguiçoso;
faul (verdorben) podre
fegen varrer
fehlen faltar
Fehler erro
Feier festa
Feiertag feriado
fein fino
Feld campo
Fels rocha
Fenster janela
Ferien férias (Pl)
Fernsehen televisão
fertig pronto
fett(ig) gorduroso
feucht húmido
Feuer fogo
Feuerwehr bombeiros (Pl)
Feuerzeug isqueiro
Fieber febre (w)
finden achar, encontrar
Finger dedo
Fisch peixe (m)
fischen pescar
Fischer/-in pescador (m), pescadora (w)
flach chato, plano
Flasche garrafa
Fleisch carne (w)
fleißig aplicado
Fliege mosca
fliegen voar
Flug voo
Flughafen aeroporto
Flugzeug avião (m)
Fluss rio
flüssig líquido
folgen seguir
fordern exigir
fortsetzen continuar
Fotoapparat máquina fotográfica
Frage pergunta
fragen perguntar
Frau mulher (w)
frei livre
Freiheit liberdade (w)
fremd desconhecido
Freude prazer (m)
Freund-/in amigo/-a
freundlich amável

Frieden paz (w)
frieren ter frio
frisch fresco
Friseur/-in cabeleireiro/-a
fröhlich alegre
Frucht fruto
früh cedo
früher antes
Frühling primavera
Frühstück pequeno-almoço
fühlen sentir
Führerschein carta de condução
füllen encher
Fuß pé (m)
Fußball futebol (m)
Fußgänger/-in peão (m), peã (w)

G

Gabel garfo
ganz inteiro
Garage garagem (w)
Garten jardim (m)
Gast hóspede (m/w)
Gastfreundschaft hospitalidade (w)
Gebäude edifício
geben dar;
gibt, es há
Gebiet região
Gebirge serra
geboren nascido
Geburtstag aniversário
Gedächtnis memória
Geduld paciência
Gefahr perigo
gefährlich perigoso
gefallen gostar (de)
Gegenteil contrário
gegenüber em frente
geheim secreto
gehen ir
Gehirn cérebro
gehören pertencer (a)
gelb amarelo
Geld dinheiro
Geldautomat multibanco
Geldbörse carteira
Geldschein nota
Geldwechsel câmbio
Gemüse hortaliça, verduras (Pl)
genau exato
genießen gozar
genug bastante
Gepäck bagagem (w)
gerade (Linie) reto;
gerade (soeben) agora mesmo; acabar de
geradeaus em frente
gerne com gosto
Geruch cheiro
Geschäft (Handel) negócio;
Geschäft (Laden) loja
geschehen acontecer
Geschenk prenda
Geschichte história
Geschmack gosto
Geschwindigkeit velocidade (w)
Gesetz lei (w)
Gesicht cara, rosto
Gespräch conversa
gestern ontem
gesund saudável
Gesundheit saúde (w)
Getränk bebida
Gewicht peso
gewinnen ganhar
Gewitter trovoada
Gewohnheit hábito

Gift veneno
giftig venenoso
Gipfel cume (m)
Glas (Material) vidro;
Glas (Trink-) copo
glauben crer
gleich (identisch) igual;
gleich (sofort) já
Glocke sino
Glück sorte (w)
Gold ouro
Gott Deus (m)
Grad grau (m)
gratulieren felicitar
Grenze fronteira
groß grande
Größe tamanho
Großmutter avó (w)
Großvater avô (m)
grün verde
Gruppe grupo
grüßen cumprimentar
gültig válido
Gürtel cinto
gut bom

H

Haar pelo, cabelo
haben haver
Hafen porto
Hagel granizo
Hahn (Tier) galo;
Hahn (Wasser-) torneira
halb meio
Hälfte metade (w)
Hals pescoço;
Hals (Kehle) garganta
Haltestelle paragem (w)
Hammer martelo
Hand mão (w)
Handel comércio
Handtuch toalha das mãos
Handy (tele)móvel (m)
hart duro
hässlich feio
Hauptstadt capital (w)
Haus casa
Haut pele (w)
heben levantar
Heft caderno
heilen curar
Heimat pátria
heiraten casar-se
heiß quente
heißen chamar-se
helfen ajudar (alguém)
hell claro
Hemd camisa
Herbst outono
Herr senhor (m)
herrlich magnífico
herstellen produzir
Herz coração (m)
heute hoje
hier(her) (para) aqui
Hilfe ajuda
Himmel céu (m)
hinaufgehen subir
hinausgehen sair
hinten atrás
hinuntergehen descer
hinzufügen acrescentar
Hitze calor (m)
hoch alto
höchstens no máximo
Hochzeit casamento
Hof pátio
hoffen esperar

höflich cortês, gentil
Höhe altura
Holz madeira
Honig mel (m)
hören ouvir
Hose calças (Pl)
hübsch bonito, lindo
Huhn (Tier) galinha;
Huhn (Fleisch) frango
Hund cão (m)
Hunger fome (w)
husten tossir
Hut chapéu (m)

I

immer sempre
Impfung vacina
inbegriffen incluído
infizieren, sich infetar-se
Inhalt conteúdo
innen dentro
innerlich interior
inzwischen entretanto
Insel ilha
irren, sich enganar-se
Irrtum erro

J

Jacke casaco
Jahr ano
Jahreszeit estação do ano
Jahrhundert século
jede (-r, -s) cada
jemand alguém
jetzt agora
Jugend juventude (w)
jung jovem
Junge rapaz (m), menino

K

Kaffee café (m)
Kalb(fleisch) vitela
kalt frio
Kamm pente (m)
kämmen pentear
Kap cabo
kaputt estragado
Kartoffel batata
Käse queijo
Kasse caixa
Katze gato
kaufen comprar
Keller cave (w)
Kellner/-in empregado/-a de mesa
kennen conhecer
Kerze vela
Kilogramm quilo
Kind criança
Kino cinema (m)
Kirche igreja
Kirsche cereja
Kissen almofada
Kiste caixa
Klang som (m)
Kleid vestido
Kleidung roupa
klein pequeno
Klingel campainha
klug inteligente
Knie joelho
Knoblauch alho
Knochen osso
Knopf botão (m)

Koch/Köchin cozinheiro/-a
kochen cozinhar;
kochen (sieden) ferver
Koffer mala
Kohl couve (w)
kommen vir
können poder
Kondom preservativo
Konto conta
Kopf cabeça
Korb cesta
Körper corpo
Korridor corredor (m)
kosten custar
Kosten custo
Kraft força
krank doente
Krankenhaus hospital (m)
Krankheit doença
Kreis círculo
Kreuz cruz (w)
Kreuzung cruzamento
Krieg guerra
Krug cântaro, jarra
Küche cozinha
Kuchen bolo
Kuh vaca
kühl fresco
Kunde/Kundin freguês (m), freguesa (w)
Kunst arte (w)
Kürbis abóbora
Kurve curva
kurz (räumlich) curto;
kurz (zeitlich) breve
Kuss beijo
Küste costa

L

lachen rir(-se)
Ladegerät carregador *(m)*
Laden loja
Lage situação
Lamm(fleisch) borrego
Lampe candeeiro
Land (Staat) país, (m);
Land (Dorf) campo
Landkarte mapa (m)
lang comprido, longo
langsam (Adj.) lento;
langsam (Adv.) devagar
langweilig aborrecido
Lärm barulho
lassen deixar
Lastwagen camião (m)
laufen correr
laut alto
leben viver
Leben vida
Leber fígado
Leder couro, cabedal (m)
ledig solteiro
leer vazio
legen pôr, colocar
lehren ensinar
Lehrer/-in professor (m), professora (w)
leicht (einfach) fácil;
leicht (Gewicht) leve
leider infelizmente
leihen emprestar
leise baixo
lernen estudar, aprender
lesen ler
letzter ultimo
Leute gente (w)

Licht luz (w)
Liebe amor (m)
lieben amar
liebenswürdig amável
Lied canção
liefern fornecer
links à esquerda
Lippe lábio
Liter litro
Loch buraco
Löffel colher (w)
Lohn salário
Luft ar (m)
Lüge mentira
lügen mentir
Lunge pulmão (m)

M

machen fazer
Mädchen rapariga, menina
Magen estômago
Mahlzeit refeição
Mais milho
Mal vez (w)
malen pintar
manchmal às vezes
Mann homem (m)
Mantel sobretudo
Markt mercado
Maske máscara
Matratze colchão (m)
Mauer muro
Maut portagem (w)
Mechaniker/-in mecânico/-a
Meer mar (m)
Mehl farinha
Mensch homem (m)
messen medir
Messer faca
mieten arrendar
Mietwagen automóvel de aluguer
Milch leite (m)
mild suave
mindestens pelo menos
mischen misturar
Mittag meio-dia (m)
Mittagessen almoço
Mitternacht meianoite
Mitte centro
möglich possível
Monat mês (m)
Mond lua
morgen amanhã
Morgen manhã (w)
Motorrad motocicleta
Mücke mosquito
müde cansado
Mühle moinho
Müll lixo
Mund boca
Münze moeda
Musik música
müssen ter de, dever
Mutter mãe (w)
Mütze boné (m)

N

Nachbar/-in vizinho/-a
nachher depois
Nachmittag tarde (w)
Nachname apelido
Nachricht notícia
nächster próximo
Nacht noite (w)
Nachtisch sobremesa

nachts de noite
nackt nu
Nadel agulha
Nagel (Stift) prego;
Nagel (Finger-) unha
nahe perto
nähen coser
Nahrung alimentação
Name nome (m)
Nase nariz (m)
nass molhado
Natur natureza
Nebel nevoeiro
Neffe sobrinho
nehmen tomar
nennen chamar
Netz rede (w)
neu novo
neugierig curioso
Nichte sobrinha
nichts nada
nie nunca
niedrig baixo
niemand ninguém
Niere rim (m)
nirgendwo em parte nenhuma
noch ainda
Norden norte (m)
notwendig necessário
Nummer número
nun agora
nur só
Nuss noz (w)
nützlich útil
nutzlos inútil

O

ob se
oben em cima
Obst fruta
oder ou
Ofen (Herd) fogão (m);
Ofen (Back-) forno
offen aberto
öffentlich público
öffnen abrir
oft muitas vezes
Ohr orelha;
Ohr (Gehör) ouvido
Öl óleo;
Öl (Oliven-) azeite (m)
Olive azeitona
Onkel tio
Orange laranja
Ordnung ordem (w)
Ort lugar (m), sítio
Osten leste (m)

P / Q

Paar (Dinge) par (m)
Paket encomenda
Panne avaria
Papier papel (m)
Paprika pimento
Park parque (m)
parken estacionar
Parkplatz
parque de estacionamento (m)
Pass (Dokument) passaporte (m);
Pass (Berg-) desfiladeiro
Person pessoa
Pfeffer pimenta

Pflerd cavalo

Pflanze planta

Pflaster (Heft-) adesivo

Pilz cogumelo

Platz (öffentlich) praça

plötzlich de repente

Polizei polícia

Post correio

Preis preço

Probe (Test) amostra

Prozent por cento

Punkt ponto

pünktlich pontual

Puter peru (m)

Qualität qualidade (w)

Quittung recibo

R

Rabatt desconto

Rad roda

rasieren barbear(-se)

Rat conselho

Rauch fumo

rauchen fumar

Raum espaço;

Raum (Zimmer) sala

rechnen calcular

Rechnung conta, fatura

Recht direito

rechts à direita

reden falar

Regen chuva

Regierung governo

regnen chover

reich rico

reif maduro

Reifen pneu (m)

reinigen limpar

Reis arroz (m)

Reise viagem (w)

Reisebüro agência de viagens

reisen viajar

Rentner/-in reformado/-a

reparieren reparar

Rest resto

retten salvar

richtig exato, correto

Richtung direção

riechen cheirar

Ring anel (m)

Rock (Kleidung) saia

roh cru

rot encarnado, vermelho

Rücken costas (Pl)

Rucksack mochila

rückwärts para trás

rufen chamar

ruhig calmo, quieto

rund redondo

Rundfahrt volta

S

Sache coisa

Sack saco

Saft sumo

sagen dizer

Salat salada

Salz sal (m)

salzig salgado

Sand areia

satt farto, cheio

sauber limpo

sauer ácido

Schaden dano

Schaf ovelha

schaffen (zu tun) conseguir

Schalter guiché (m);
Schalter (elektr.) interruptor (m)
scharf (Klinge) afiado;
scharf (Geschmack) picante
Schatten sombra
scheinen parecer;
scheinen (leuchten) brilhar
schenken oferecer
Schere tesoura
Scherz brincadeira
schicken enviar, mandar
schießen disparar
Schiff navio
Schinken presunto
Schirm guarda-chuva (m)
Schlaf sono
schlafen dormir
schlagen bater
Schlange (Warte-) fila
schlecht mau
schließen fechar
Schluss fim (m)
Schlüssel chave (w)
schmackhaft saboroso
schmecken saber
Schmerz dor (w)
Schmetterling borboleta
Schmuck joias (Pl)
schmutzig sujo
Schnee neve (w)
schneiden cortar
schnell (Adj.) rápido;
schnell (Adv.) depressa
Schokolade chocolate (m)
schon já
schön belo, bonito, lindo
Schrank armário
Schraube parafuso
schrecklich horrível
schreiben escrever
schreien gritar
Schritt passo
Schuh sapato
Schuld culpa
Schule escola
Schulter ombro
schwach fraco
schwanger grávida
schweigen calar-se
Schwein porco
schwer (Gewicht) pesado;
schwer (Krankheit) grave
Schwester irmã (w)
schwierig difícil
Schwimmbad piscina
schwimmen nadar
schwitzen suar
See lago
Segel vela
sehen ver
sehr muito
Seife sabonete (m)
Seil corda
sein (befinden) estar
sein (zu) ser
Seite lado;
Seite (Buch) página
selbst mesmo
selten raro
Serviette guardanapo
setzen pôr
sicher seguro;
sicher (gewiss) certo
Silber prata
singen cantar
so assim
sofort imediatamente
Sohn filho
solche tal (m/w)
sollen dever

Sommer verão (m)
Sonne sol (m)
sonnig soalheiro
Soziale Medien mídias sociais
sparen poupar
Spargel espargo
spät tarde
spazieren passear
Speise prato
Speisekarte lista
Spiegel espelho
Spiel jogo
spielen brincar, jogar;
spielen (Musik) tocar
Spielzeug brinquedo
Spinat espinafre
Sport desporto
Sprache língua
sprechen falar
Spritze injeção
Staat estado
Stadt cidade (w)
Stadtplan planta
stark forte
Stärke força
Stau engarrafamento
Staub pó (m)
stechen picar
Steckdose tomada
stehlen roubar
Stein pedra
stellen pôr
sterben morrer
Stern estrela
still tranquilo, quieto
Stimme voz (w)
Stoff tecido
stören incomodar
Strafe castigo;
Strafe (Geld-) multa
Strand praia
Straße rua;
Straße (Land-) estrada
Streichholz fósforo
Strom corrente (w)
Strumpf meia
Stück peça
Student/-in estudante (m/w)
Stuhl cadeira
Stunde hora
Sturm tempestade (w)
suchen procurar
Süden sul (m)
Suppe sopa
süß doce

T

Tabak tabaco
Tablett tabuleiro
Tag dia (m)
Tal vale (m)
Tampon tampão
tanken meter gasolina
Tankstelle bomba de gasolina
Tante tia
Tanz dança
tanzen dançar
Tasche (Hand-) bolsa;
Tasche (in Kleidung) bolso
Tasse chávena
tauchen mergulhar
tauschen trocar
Tee chá (m)
Teil parte (w)
teilen partilhar
Teller prato (m)
Teppich tapete (m)
teuer caro

tief fundo
Tier animal (m)
Tintenfisch lula
Tisch mesa
Tochter filha
Tod morte (w)
Toilette casa de banho
Topf tacho
tot morto
töten matar
tragen carregar
Traum sonho
traurig triste
treffen (begegnen) encontrar;
treffen (Ziel) acertar (em)
Treppe escada
trinken beber
Trinkgeld gorjeta
trocken seco
Tropfen gota
Tuch lenço
tun fazer
Tür porta
Turm torre (w)

U

Übelkeit náusea
überall por toda a parte
überqueren atravessar
Überraschung surpresa
übersetzen traduzir
Übersetzung tradução
überweisen transferir
üblich usual, habitual
Ufer margem (w)
Uhr relógio
umarmen abraçar
umgekehrt inverso
umkehren regressar
Umleitung desvio
umsteigen mudar de
Umwelt meio, ambiente
Unfall acidente (m)
unten em baixo
unterhalten, sich conversar
Unterhose (Dame) calcinhas (Pl);
Unterhose (Herr) cuecas (Pl)
Unterschied diferença
Unterschrift assinatura
untersuchen examinar
Urlaub férias (Pl)
Ursache causa
USB-Kabel cabo USB

V

Vater pai (m)
vegan vegano
vegetarisch vegetariano
verabreden, sich combinar
Verabredung encontro
verabschieden, sich despedir-se
verantwortlich responsável
verbieten proibir
verbinden juntar, ligar
verdienen ganhar
Vergangenheit passado
vergessen esquecer
vergnügen, sich divertir-se
verheiratet casado
verkaufen vender
Verkehr trânsito
verlängern prolongar
verlassen deixar
verleihen emprestar
Verletzung ferimento
verlieren perder

Verlobte/-r noiva/-o
Verlust perda
vermieten alugar
verrückt doido, louco
verschiedene vários
Versicherung seguro
verspäten, sich atrasar-se
versprechen prometer
verstehen entender, compreender
versuchen tentar
Vertrag contrato
Vertrauen confiança
Verwandte/-r parente (m/w)
viel muito
vielleicht talvez
Vogel (groß) ave (w);
Vogel (klein) pássaro
Volk povo
voll cheio
vorbeigehen passar
vorbereiten preparar
vorher antes
vorläufig provisório
Vormittag manhã (w)
vorne à frente
vornehm distinto
Vorschlag proposta
vorsichtig prudente
vorstellen apresentar

W

Waage balança
wach acordado
wachsen crescer
Wagen carro
wahr verdadeiro
während durante
Wahrheit verdade (w)
wahrscheinlich provável
Währung moeda
Wald floresta
Wand parede (w)
Wange face (w)
Ware mercadoria
warm quente
warten esperar
Waschbecken lavatório
Wäsche roupa
waschen lavar
Wäscherei lavandaria
Wasser água
wechseln mudar
wecken acordar
Wecker despertador (m)
Weg caminho
weg embora
wegbringen levar
wehtun doer
weich mole
weil porque
Wein vinho
weinen chorar
weiß branco
weit (entfernt) distante;
weit (groß) largo
Welle onda
Welt mundo
wenig pouco
wenn (Bedingung) se;
wenn (zeitlich) quando
Werkstatt oficina, garagem
Werkzeug ferramenta
Wert valor (m)
Westen oeste (m)
Wetter tempo
wichtig importante
wieder de novo

wiederholen repetir
Wind vento
Windel fralda
Winter inverno
wissen saber
Witz anedota
Woche semana
wohnen morar
Wohnort domicílio
Wohnung andar (m)
Wolke nuvem (w)
Wolle lã (w)
wollen querer
Wort palavra
Wörterbuch dicionário
Wunde ferida
Wunsch desejo
wünschen desejar
wütend furioso

Z

Zahl número
zahlen pagar
zählen contar
zahlreich numeroso
Zahn dente (m)
Zeichen sinal (m)
zeigen mostrar
Zeit tempo
Zeitschrift revista
Zeitung jornal (m)
Zelt tenda
zerbrechlich frágil
Zeuge/Zeugin testemunha (m/w)
ziehen puxar
Ziel (Reise-) destino
ziemlich bastante
Zigarette cigarro
Zigarre charuto
Zimmer quarto
Zitrone limão (m)
Zoll alfândega
zu (sehr) demasiado;
zu viel demais
Zucchini curgete
Zucker açúcar (m)
Zufall acaso
zufrieden contente
Zug comboio
Zukunft futuro
Zunge língua
zurück de volta, para trás
zurückgeben devolver
zusammen junto(s)
Zuschlag suplemento
Zweifel dúvida
Zweig ramo
Zwiebel cebola

Portugiesisch – Deutsch

A

abóbora Kürbis
aborrecido langweilig
abraçar umarmen
abre-latas (m) Dosenöffner
abrir öffnen
acabar enden; gerade getan haben
acaso Zufall
acender anzünden
acertar (em) treffen
achar finden
acidente (m) Unfall
ácido sauer
acompanhar begleiten
acontecer geschehen
acordar wecken
acordo, de einverstanden
açúcar (m) Zucker
advogado/-a Anwalt/-in
afiado scharf (Klinge)
agora jetzt, nun;
agora mesmo soeben
agradável angenehm
agradecer danken
agricultor (m), agricultora (w) Bauer/Bäuerin
água Wasser
agulha Nadel
ainda noch
ajuda Hilfe
ajudar helfen
aldeia Dorf
alegre fröhlich
alfândega Zoll
algodão (m) Baumwolle
alguém jemand
alguma coisa etwas
alguns einige
alho Knoblauch
alimentação Nahrung
almoço Mittagessen
almofada Kissen
alto hoch, laut
altura Höhe
alugar vermieten
amanhã morgen
amar lieben
amarelo gelb
amargo bitter
amável freundlich
ambos beide
amigo/-a Freund/-in
amor (m) Liebe
amostra Probe (Test)
andar (m) Etage, Wohnung
anel (m) Ring
animal (m) Tier
aniversário Geburtstag
ano Jahr
antes früher, vorher
apanhar fangen
apelido Nachname
aplicação App
aplicado fleißig
aprender lernen
apresentar vorstellen
apressado eilig
aqui hier
ar (m) Luft
arbusto Busch
areia Sand

armário Schrank
arrendar mieten
arroz (m) Reis
arte (w) Kunst
árvore (w) Baum
ascensor Fahrstuhl
assim so
assinatura Unterschrift
atenção Achtung
atrás hinten
atrasar-se sich verspäten
atraso Verspätung
atravessar überqueren
autocarro Bus
automóvel de aluguer Mietwagen
avaria Panne
ave (w) Vogel (groß)
avisar benachrichtigen
avó (w) Großmutter
avô (m) Großvater
azeite (m) Olivenöl
azeitona Olive
azul blau

B

bagagem (w) Gepäck
baía Bucht
baixo niedrig, leise;
em baixo unten
balança Waage
balde (m) Eimer
bandeira Fahne
banho Bad; banho, tomar baden
barato billig
barba Bart
barbear rasieren
barco Boot
barril (m) Fass
barulho Lärm
bastante genug, ziemlich
batata Kartoffel
bater schlagen
beber trinken
bebida Getränk
beijo Kuss
belo schön
bicicleta Fahrrad
bilhete (m) Ticket
biquíni *(m)* Bikini
boca Mund
bolo Kuchen
bolsa (Hand-)Tasche
bolso Tasche (Kleidung)
bom gut
boné (m) Mütze
bonito hübsch, schön
borboleta Schmetterling
borrego Lamm(fleisch)
botão (m) Knopf
branco weiß
breve kurz (Zeit);
breve, em bald
brilhar scheinen (Sonne)
brincadeira Scherz
brincar spielen
brinquedo Spielzeug
brócolos Brokkoli
buraco Loch

C

cabeça Kopf
cabelo Haar
cabo Kap
cabo USB USB-Kabel

cada (m/w) jeder
cadeira Stuhl
caderno Heft
café (m) Kaffee, Café
cair fallen
caixa Kasse, Kiste
calar-se schweigen
calças (Pl) Hose
calcinhas (Pl) Unterhose (Dame)
calcular rechnen
calmo ruhig
calor (m) Hitze
cama Bett
câmbio Geldwechsel
camião (m) Lastwagen
caminho Weg
camisa Hemd
campainha Klingel
campismo Camping;
campismo, parque de Zeltplatz
canção (w) Lied
candeeiro Lampe
cansado müde
cantar singen
canto Ecke
cão (m) Hund
capital (w) Hauptstadt
cara Gesicht
carne (w) Fleisch
caro teuer
carregador *(m)* Ladegerät
carregar tragen
carro Auto, Wagen
carta Brief
carteira Geldbörse
casa Haus, Wohnung
casaco Jacke
casal (m) Ehepaar
casar-se heiraten
castanho braun
castelo Burg
castigo Strafe
causa Ursache
cautela Vorsicht
cavalo Pferd
cave (w) Keller
cebola Zwiebel
cedo früh
cego blind
certo gewiss, sicher
cerveja Bier
cesta Korb
céu (m) Himmel
chá (m) Tee
chamada Anruf
chamar rufen, nennen;
chamar-se heißen
chão (m) Boden
chapéu (m) Hut
charuto Zigarre
chave (w) Schlüssel
chávena (w) Tasse
chefe (m/w) Chef/-in
chegada Ankunft
chegar ankommen
cheio voll
cheirar riechen
cheiro Geruch
chorar weinen
chover regnen
chuva Regen
chuveiro Dusche
cidade (w) Stadt
cigarro Zigarette
cima, em oben
cinema (m) Kino
cinto Gürtel
cinza Asche
círculo Kreis
claro hell, klar

cobertor (m) Bettdecke
cobrir bedecken
cogumelo Pilz
coisa Sache, Ding
colchão (m) Matratze
colher (w) Löffel
combinar sich verabreden
comboio Zug
começar anfangen
comer essen
comércio Handel
comida Essen
cómodo bequem
comprar kaufen
compreender verstehen
comprido lang
confiança Vertrauen
conhecer kennen
conhecida/-o Bekannte/-r
conseguir schaffen
conselho Rat
constipação Erkältung
conta Rechnung, Konto
contar (er)zählen
contente zufrieden
conteúdo Inhalt
continuar fortsetzen
contrato Vertrag
conversa Gespräch
conversar sich unterhalten
convidar einladen
copo (Trink-)Glas
cor (w) Farbe
coração (m) Herz
corda Seil
corpo Körper
correio Post
corrente (w) Strom
correr laufen
correto richtig
cortar schneiden
coser nähen
costa Küste
costas (Pl) Rücken
couro Leder
couve-flor *(w)* Blumenkohl
cozinha Küche
cozinhar kochen
crer glauben
crescer wachsen
criança Kind
cru roh
cruz (w) Kreuz
cruzamento Kreuzung
cuecas (Pl) Unterhose (Herr)
culpa Schuld
cume (m) Gipfel
cumprimentar grüßen
curar heilen
curgete Zucchini
curioso neugierig
curto kurz
custar kosten
custo Kosten

D

dança Tanz
dano Schaden
dar geben
data Datum
dedo Finger
deixar (ver)lassen
demais zu viel
demasiado zu (sehr)
dente (m) Zahn
dentro innen
denúncia Anzeige
depois nachher

depressa **schnell (Adv.)**
descer **hinuntergehen**
desconhecido **fremd**
desconto **Rabatt**
desculpar **entschuldigen**
desejar **wünschen**
desejo **Wunsch**
desfiladeiro **Pass (Berg-)**
despedir-se **sich verabschieden**
despertador (m) **Wecker**
desporto **Sport**
destino **(Reise-)Ziel**
desvio **Umleitung**
Deus (m) **Gott**
devagar **langsam (Adv.)**
dever **sollen, müssen**
devolver **zurückgeben**
dia (m) **Tag**
dicionário **Wörterbuch**
diferença **Unterschied**
difícil **schwierig**
dinheiro **Geld**
direção (w) **Richtung**
direita, à **rechts**
direito **Recht**
disparar **schießen**
distância **Entfernung**
distante **weit (entfernt)**
distinto **vornehm**
divertir-se **sich vergnügen**
dizer **sagen**
doce **süß**
doença **Krankheit**
doente **krank**
doer **wehtun**
doido **verrückt**
domicílio **Wohnort**
dor (w) **Schmerz**
dormir **schlafen**
durar **dauern**
duro **hart**
dúvida **Zweifel**

E

edifício **Gebäude**
eleições (w) (Pl) **Wahlen**
elevador **Aufzug**
embaixada **Botschaft**
embora **weg**
embrulhar **einwickeln**
empregado/-a **Angestellte/-r**
emprestar **(ver)leihen**
empurrar **drücken**
encarnado **rot**
encher **füllen**
encomenda **Bestellung, Paket**
encomendar **bestellen**
encontrar **finden, treffen, begegnen;**
encontrar-se **sich befinden**
encontro **Verabredung**
endereço **Adresse**
enganar-se **sich irren**
engarrafamento **Stau**
engomar **bügeln**
ensinar **lehren**
então **also, dann**
entender **verstehen**
entrada **Einfahrt, -gang**
entrar (em) **betreten**
entretanto **inzwischen**
envelope (m) **Briefumschlag**
enviar **schicken**
erro **Irrtum, Fehler**
ervilha **Erbse**
escada **Treppe**

escola Schule
escova Bürste
escrever schreiben
escritório Büro
escuro dunkel
espaço Raum
espargo Spargel
espelho Spiegel
esperar warten, hoffen
espinafre Spinat
esposa Ehefrau
esquecer vergessen
esquerda, à links
estação (w) Bahnhof
estação do ano Jahreszeit
estacionamento, parque de Parkplatz
estacionar parken
estado Staat
estar sein, befinden
estômago Magen, Bauch
estrada Landstraße
estragado kaputt
estrangeiro/-a Ausland, Ausländer/-in
estreito eng
estrela Stern
estudante (m/w) Student/-in
examiner untersuchen
exato genau
excursão (w) Ausflug
exigir fordern
experiência Erfahrung
exposição (w) Ausstellung
exterior äußerlich

F

faca Messer
face (w) Wange
fácil einfach, leicht
falar sprechen, reden
falso falsch
faltar fehlen
farinha Mehl
farmácia Apotheke
fatigante anstrengend
fato de banho Badeanzug
fatura Rechnung
fazer machen, tun
febre (w) Fieber
fechar schließen
feio hässlich
feriado Feiertag
férias (Pl) Ferien, Urlaub
ferida Wunde
ferramenta Werkzeug
ferro Eisen
ferver kochen (sieden)
ficar bleiben, sich befinden
fígado Leber
fila Warteschlange
filha Tochter
filho Sohn
fim (m) Ende, Schluss
fino dünn, fein
fio Faden
flor (w) Blume
floresta Wald
fogão (m) Herd, Kocher
fogo Feuer
folha Blatt
fome (w) Hunger
fonte (w) Brunnen, Quelle
fora außen

força Kraft, Stärke
fornecer liefern
forno Backofen
forte stark
fósforo Streichholz
fraco schwach
frágil zerbrechlich
fralda Windel
freguês (m), **freguesa** (w) Kunde/Kundin
frente, à vorne;
frente, em gegenüber, geradeaus
fresco frisch, kühl
frio kalt;
frio, ter frieren
fronteira Grenze
fruta Obst
fumar rauchen
fumo Rauch
fundo tief
furioso wütend
futuro Zukunft

G

galo Hahn (Tier)
ganhar gewinnen, verdienen
garagem (w) Garage, Werkstatt
garfo Gabel
garganta Hals, Kehle
garrafa Flasche
gasóleo Diesel
gasolina Benzin;
gasoline, bomba de Tankstelle
gasoline, meter tanken
gastar ausgeben
gato Katze
gelado Speiseeis
gelo Eis
gente (w) Leute
gordo dick
gorduroso fett(ig)
gorjeta Trinkgeld
gostar (de) gefallen
gosto Geschmack;
gusto, com gerne
gota Tropfen
governo Regierung
grande groß
granizo Hagel
grau (m) Grad
grave schwer (Krankheit)
grávida schwanger
gritar schreien
guarda-chuva (m) Schirm
guardanapo Serviette
guardar aufbewahren
guerra Krieg
guiché (m) Schalter

H

há es gibt
habitante (m/w) Einwohner/-in
hábito Gewohnheit
habitual üblich
haver haben
hoje heute
homem (m) Mann, Mensch
hora Stunde
horrível schrecklich
hortaliça Gemüse
hospital (m) Krankenhaus
húmido feucht

I

idade (w) Alter
igreja Kirche
igual gleich
ilha Insel
imediatamente sofort
importante wichtig
incluído inbegriffen
incomodar stören
infelizmente leider
infetar-se sich infizieren
início Anfang
injeção (w) Spritze
inteiro ganz
interior innerlich
interruptor (m) Schalter (elektr.)
inverno Winter
inverso umgekehrt
ir gehen, fahren
irmã (w) Schwester
irmão (m) Bruder
isqueiro Feuerzeug

J

já schon, gleich
janela Fenster
jantar (m) Abendessen
jardim (m) Garten
jarra Krug
joelho Knie
jogar spielen
jogo Spiel
joias (Pl) Schmuck
jornal (m) Zeitung
jovem jung
juntar verbinden
junto(s) zusammen
juventude (w) Jugend

L

lá dort
lã (w) Wolle
lábio Lippe
lado Seite
ladrão (m), ladra (w) Dieb/-in
lago See
lápis (m) Bleistift
laranja Orange
largo breit, weit
lavandaria Wäscherei
lavar waschen
lavatório Waschbecken
lei (w) Gesetz
leite (m) Milch
lembrar-se sich erinnern
lenço Tuch
lento langsam
ler lesen
leste (m) Osten
letra Buchstabe
levantar heben
levar mitnehmen
leve leicht (Gewicht)
ligação (w) Anschluss
ligar verbinden, anschalten
limão (m) Zitrone
limpar putzen, reinigen
limpo sauber
lindo hübsch, schön
língua Sprache, Zunge
lista Speisekarte
livre frei
livro Buch
lixo Müll

loja **Geschäft, Laden**
longo **lang, weit**
louco **verrückt**
lua **Mond**
lugar (m) **Ort, Stelle**
lula **Tintenfisch**
luz (w) **Licht**

M

maçã (w) **Apfel**
madeira **Holz**
maduro **reif**
mãe (w) **Mutter**
magro **mager, dünn** (Mensch)
mala (w) **Koffer**
mandar **schicken**
manhã (w) **Morgen, Vormittag**
manteiga **Butter**
mão (w) **Hand**
mapa (m) **Landkarte**
mar (m) **Meer**
marcar **buchen**
margem (w) **Ufer**
marido **Ehemann**
martelo **Hammer**
mascara **Maske**
matar **töten**
mau **schlecht, böse**
mecânico/-a **Mechaniker/-in**
médico **Arzt**
medir **messen**
medo **Angst**
meia **Strumpf**
meianoite **Mitternacht**
meio **halb**
meio ambiente **Umwelt**
meio-dia (m) **Mittag**
mel (m) **Honig**
menina **Mädchen**
menino **Junge**
menos, pelo **wenigstens**
mentir **lügen**
mentira **Lüge**
mercado **Markt**
mercadoria **Ware**
mergulhar **tauchen**
mês (m) **Monat**
mesa **Tisch**
mesmo **selbst;**
o mesmo **dasselbe**
metade (w) **Hälfte**
mídias sociais **Soziale Medien**
milho **Mais**
misturar **mischen**
mochila **Rucksack**
moeda **Münze, Währung**
moinho **Mühle**
mole **weich**
molhado **nass**
montanha **Gebirge**
monte (m) **Berg**
morar **wohnen**
morrer **sterben**
morte (w) **Tod**
morto **tot**
mosca **Fliege**
mosquito **Mücke**
mostrar **zeigen**
motocicleta **Motorrad**
motorista (m/w) **Fahrer/-in**
mudar **wechseln, ändern;**
mudar de **umsteigen**
muito **sehr, viel**
mulher (w) **(Ehe-)Frau**
multa **Geldstrafe**
mundo **Welt**
muro **Mauer**

N

nada nichts
nadar schwimmen
nariz (m) Nase
nascido geboren
natureza Natur
nausea Übelkeit
navio Schiff
necessário notwendig
neto/-a Enkel/-in
neve (w) Schnee
nevoeiro Nebel
ninguém niemand
noite (w) Nacht
noiva/-o Verlobte/-r
nome (m) Name
norte (m) Norden
notícia Nachricht
novo neu;
de novo wieder
noz (w) Nuss
nu nackt
nublado bewölkt
número Zahl, Nummer
numeroso zahlreich
nunca nie
nuvem (w) Wolke

O

óculos (Pl) Brille
ocupado besetzt
oeste (m) Westen
oferecer anbieten, schenken
oferta Angebot
oficina Werkstatt
óleo Öl
olhar (an)schauen
ombro Schulter
onda Welle
ontem gestern
ordem (w) Ordnung
orelha Ohr
osso Knochen
ou oder
ouro Gold
outono Herbst
outro anderer
ouvido Ohr (Gehör)
ouvir hören
ovelha Schaf
ovo Ei

P

paciência Geduld
pagar zahlen
página Seite (Buch)
pai (m) Vater
país (m) Land
palavra Wort
pão (m) Brot
papel (m) Papier
par (m) Paar
parafuso Schraube
paragem (w) Haltestelle
parar anhalten
parecer (er)scheinen
parede (w) Wand
parente (m/w) Verwandte/-r
parque (m) Park
parte (m) Teil
parte, por toda a überall
partida Abreise
partilhar teilen
partir abreisen

passagem (w) **Durchgang**
passaporte (m) **Reisepass**
passar **vorbeigehen**
pássaro **Vogel (klein)**
passear **spazieren**
passeio **Bürgersteig**
passo **Schritt**
pátria **Heimat**
paz (w) **Frieden**
pé (m) **Fuß**
peão (m), peã (w) **Fußgänger/-in**
peça **Stück**
pedido **Bitte, Bestellung**
pedir **bitten, bestellen**
pedra **Stein**
pegar-se **sich anstecken**
peito **Brust**
peixe (m) **Fisch**
pele (w) **Haut**
pelo **Haar**
pensar **denken**
pente (m) **Kamm**
pequeno **klein**
pequeno almoço **Frühstück**
perda **Verlust**
perder **verlieren**
pergunta **Frage**
perguntar **fragen**
perigo **Gefahr**
perigoso **gefährlich**
permitir **erlauben**
perna **Bein**
pertencer **gehören**
perto **nahe**
peru (m) **Puter**
pesado **schwer**
pescador (m), pescadora (w) **Fischer/-in**
peso **Gewicht**
pessoa **Person**
picante **scharf (Geschmack)**
picar **stechen**
pimenta **Pfeffer**
pimento **Paprika**
pintar **malen**
piscina **Schwimmbad**
planta **Pflanze; Stadtplan**
pneu (m) **Reifen**
pó (m) **Staub**
poço **Brunnen**
poder **können, dürfen**
pois **denn**
polícia **Polizei**
ponte (w) **Brücke**
ponto **Punkt**
pontual **pünktlich**
pôr **stellen, legen**
porco **Schwein**
porém **aber, jedoch**
porque **weil**
porta **Tür**
portagem (w) **Maut**
porto **Hafen**
possível **möglich**
possuidor (m), possuidora (w) **Besitzer/-in**
postal (m) **Ansichtskarte**
pouco **wenig;**
pouco, um **ein bisschen**
poupar **sparen**
povo **Volk**
praça **Platz (öffentlich)**
praia **Strand**
prata **Silber**
prato **Teller, Speise**
prazer (m) **Freude**
precisar (de) **brauchen**
preço **Preis**

prego Nagel (Stift)
preguiçoso faul (träge)
prenda Geschenk
preparar vorbereiten
preservative Kondom
pressa, ter eilig haben
presunto Schinken
primavera Frühling
procurar suchen
professor (m), professora (w) Lehrer/-in
profissão (w) Beruf
proibir verbieten
prolongar verlängern
prometer versprechen
pronto fertig
pronúncia Aussprache
proposta Vorschlag
proprietário/-a Eigentümer/-in
provável wahrscheinlich
próximo nächster
prudente vorsichtig
público öffentlich
pulmão (m) Lunge
puxar ziehen

Q

quando als, wenn
quarto Zimmer
quase fast
que dass, als (Vergleich)
queijo Käse
quente warm, heiß
querer wollen
quieto ruhig, still
quinta Bauernhof

R

ramo Zweig
rapariga Mädchen
rapaz (m) Junge
rápido schnell
raro selten
rebocar abschleppen
receber bekommen
receção (w) Empfang
recibo Quittung
rede (w) Netz
redondo rund
redução (w) Ermäßigung
refeição (w) Mahlzeit
reformado/-a Rentner/-in
refresco Erfrischung
região Gebiet
regressar umkehren
relógio Uhr
remédio Arznei
reparar reparieren
repartição (w) Amt
repente, de plötzlich
repetir wiederholen
rés-do-chão (m) Erdgeschoss
responder antworten
responsável verantwortlich
resposta Antwort
resto Rest
reto gerade
revista Zeitschrift
rico reich
rim (m) Niere
rio Fluss
rir(-se) lachen
roda Rad
roubar stehlen

roubo **Diebstahl**
roupa **Kleidung**
rua **Straße**

S

saber **wissen, schmecken**
sabonete (m) **Seife**
saboroso **schmackhaft**
saco **Sack**
saia **Rock (Kleidung)**
saída **Ausfahrt, -gang**
sair **hinausgehen**
sal (m) **Salz**
sala **Raum, Zimmer**
salário **Lohn**
salgado **salzig**
salvar **retten**
sangue (m) **Blut**
sapato **Schuh**
saudável **gesund**
saúde (w) **Gesundheit**
se **ob, wenn (Bedingung)**
seco **trocken**
secreto **geheim**
século **Jahrhundert**
sede (w) **Durst**
seguir **folgen**
seguro **sicher, Versicherung**
selo **Briefmarke**
semana **Woche**
semelhante **ähnlich**
sempre **immer**
sentir **fühlen**
ser **(zu) sein**
serra **Gebirge**
serviço **Bedienung**
sinal (m) **Zeichen**
sino **Glocke**
sítio **Ort, Stelle**
só **nur**
soalheiro **sonnig**
sobremesa **Nachtisch**
sobretudo **Mantel**
sobrinha **Nichte**
sobrinho **Neffe**
sol (m) **Sonne**
solteiro **ledig**
som (m) **Klang**
sombra **Schatten**
sonho **Traum**
sono **Schlaf**
sopa **Suppe**
sorte (w) **Glück**
sozinho **allein**
suar **schwitzen**
suave **mild**
subir **hinaufgehen, einsteigen**
sujo **schmutzig**
sul (m) **Süden**
sumo **Saft**
suplemento **Zuschlag**
surpresa **Überraschung**

T

tabaco **Tabak**
tabuleiro **Tablett**
tacho **Topf**
tal **solche**
talvez **vielleicht**
tamanho **Größe**
também **auch**
tampão **Tampon**
tapete (m) **Teppich**
tarde **spät**
tarde (w) **Nachmittag, Abend**
tecido **Stoff**

telhado Dach
tempestade (w) Sturm
tempo Zeit, Wetter
tenda Zelt
tentar versuchen
ter de müssen
terminar beenden
tesoura Schere
testemunha (m/w) Zeuge/Zeugin
tia Tante
tio Onkel
toalha (Hand-)Tuch
tocar berühren, spielen (Musik)
tomada Steckdose
tomar nehmen
torneira Wasserhahn
torre (w) Turm
tossir husten
trabalhar arbeiten
trabalho Arbeit
tradução (w) Übersetzung
traduzir übersetzen
tranquilo still
transferir überweisen
trânsito Verkehr
trás, para zurück
trazer bringen
triste traurig
trocar tauschen
trovoada Gewitter
tudo alles

U

ultimo letzter
unha (Finger-)Nagel
único einzig
urgente dringend
usar benutzen
usual üblich
útil nützlich

V / X

vaca Kuh, Rindfleisch
vacina Impung
vale (m) Tal
válido gültig
valor (m) Wert
vapor (m) Dampf
vários verschiedene
varrer fegen
vassoura Besen
vazio leer
vegano vegan
vegetariana vegetarisch
vela Kerze; Segel
velho alt
velocidade (w) Geschwindigkeit
vender verkaufen
veneno Gift
vento Wind
ver sehen
verão (m) Sommer
verdade (w) Wahrheit
verdadeiro wahr
verde grün
vermelho rot
vestido Kleid
vez (w) Mal;
vez de, em anstatt
vezes, às manchmal
viagem (w) Reise, Fahrt
viajar reisen
vida Leben
vidro Glas (Material)

vinagre (m) **Essig**
vinho **Wein**
vir **kommen**
virar **drehen, abbiegen**
visitar **besuchen, besichtigen**
vista **(Aus-)Sicht**
vitela **Kalb(fleisch)**
viver **leben**
vizinho/-a **Nachbar/-in**
voar **fliegen**
volta **Rundfahrt;**
volta, de **zurück**
voo **Flug**
voz (w) **Stimme**
xadrez (m) **Schach**

Notizen

Der Autor

Jürg Konrad Ottinger, auch *Jorge Conrado* genannt, geboren 1951 in Zürich, ist Betriebsökonom HWV und lebt heute in seiner Wahlheimat Portugal in Moncarapacho, Algarve. Mit 30 Jahren entschloss er sich mit seiner Familie nach Portugal auszuwandern. Mit Französisch und Italienisch intus war es nur ein kleiner Schritt zur portugiesischen Sprache. Portugal und dessen Menschen haben seine Sinne beflügelt und bereichert. Die portugiesische Sprache überlagert heute seine Muttersprache.

Der Autor ist überzeugt, wer **saudades** versteht und lebt, der ist in Portugal angekommen. Also seien Sie geduldig, schnuppern Sie daran, tauchen Sie ein und bereichern Sie Ihre Gefühlswelt. Wer **saudades** lebt, hält seine Gefühlswelt in Balance.

Saudade
lembrança triste e suave de pessoas ou coisas
distantes ou extintas, acompanhado de desejo
de as tornar a possuir ou ver presentes.
Pesar pela ausência de alguém que nos é querido. Nostalgia.

Sehnsucht
traurige und süße Erinnerung an Menschen oder Dinge,
die fern oder gestorben sind, begleitet von dem Wunsch,
sie wieder zu besitzen oder gegenwärtig zu sehen.
Trauer um die Abwesenheit eines Menschen,
der uns am Herzen liegt. Nostalgie.

Desejo-lhe muito sucesso e alegria
na aprendizagem da língua lusófona.

Ich wünsche Ihnen viel Erfolg und Freude
beim Erlernen der portugiesischen Sprache.

Impressum

Jürg Konrad Ottinger
Portugiesisch – Wort für Wort

erschienen im
Reise Know-How Verlag Peter Rump GmbH
Osnabrücker Str. 79
33649 Bielefeld, Deutschland
+49-521-946490
info@reise-know-how.de

21. neu bearbeitete und verbesserte Auflage 2024

ISBN 978-3-8317-6586-7

Bearbeitung: Antonia Pieper
Gestaltung: Günter Pawlak, FaktorZwo! Bielefeld
Kartografie: Thomas Buri
Fotos: Adobe Stock: Alexander (Cover), Antonel (S. 11), mirifadapt (S. 62), Christoph Burgstedt (S. 63), Marcin Krzyzak (S. 123); Fotolia: Henner Damke (S. 88)
Druck und Bindung: mediaprint solutions GmbH, Paderborn

Bibliografische Information der Deutschen Nationalbibliothek
Die Deutsche Nationalbibliothek verzeichnet diese Publikation in der Deutschen Nationalbibliografie; detaillierte bibliografische Daten sind im Internet über http://dnb.dnb.de abrufbar.

Bildlegende der Kapitelstartseiten:
S. 11: Straßenbahn in Lissabon; S. 63: Keramik an der Wand einer Töpferei; S. 123: Praia da Rocha in Portimao

Effektiver Sprachen lernen –

Aussprache trainieren

1. Für dieses Buch gibt es kostenlose Aussprachebeispiele zum Anhören.

Den QR-Code mit einem Smartphone scannen, um zu den Aussprachebeispielen zu kommen.
Alternativ kann man diese auch unter:
www.reise-know-how.de/kauderwelsch/011
erreichen.

2. Unsere separat erhältlichen AusspracheTrainer bieten noch umfangreicheres Tonmaterial und ermöglichen so ein unkompliziertes Erlernen der neuen Sprache, auch unabhängig von den jeweiligen Kauderwelsch-Büchern.